Japanese
Sentence Patterns for JLPT N4
TRAINING BOOK

Noboru Akuzawa

First Published 2018 by Amazon Digital Services LLC

Copyright © Noboru Akuzawa 2018

Email: akuzawa@gmail.com

ISBN: 9781729025406

Contents

- **Preface** 8
- **Learning Methods / how to utilize this book** 9

あまり～ない (amari~nai): "not very, not much" 16
あとで (ato de) "after, later" 18
ば (ba) "if… then" 20
場合は (baai wa) "in the event of" 22
だけで (dake de): just by 24
だす (dasu) "to suddenly begin, to suddenly appear" ... 26
でも (demo): "or something" 28
でございます (de gozaimasu)" to be (honorific)" 30
がる (garu) "to show signs of; to feel" 32
ごろ (goro) "around, about" 35
はじめる (hajimeru) "to start, to begin to" 37
はずだ (hazuda) " it must be, it should be" 39
がする (ga suru) "smell, hear, taste" 41
はずがない (hazu ga nai) "cannot be" 43
ひつよう (hitsuyou) "need, necessary" 45
ひつようがある (hitsuyou ga aru) "it is necessary to" .. 47
ほしい (hoshii) "to want something, to be in need of" .. 50
いらっしゃる (irassharu) "to be, to come, to go" 53
いたす (itasu): to do (honorific) 58
じゃないか (janai ka) "isn't it" 61
かい (kai) "turns a sentence into a yes/no question" .. 63
かどうか (ka dou ka) "whether or not" 66
かもしれない (kamoshirenai) "might, maybe" 69
かな (kana) "I wonder" 71
かた (kata) "how to" 73
かしら (kashira): I wonder 75
こと (koto): Verb nominalizer 78
ことができる (koto ga dekiru) "can, be able to" 81
までに (made ni)" by, by the time" 84

みたいに / みたいな (mitai ni/mitai na): like, similar to . 89
など (nado): such as, things like 92
ながら (nagara): while, during, as 95
ないで (naide): without doing, don't 98
なければいけない / なければならない (nakereba ikenai/ nakereba naranai): must do, have to do 101
なくてはいけない / なくてはならない (nakutewa ikenai/ nakutewa naranai): must do, have to do 104
なくてもいい (nakute mo ii): don't have to 107
なら (nara) / if, in case, as for 110
なさい (nasai) / (command/order somebody to do something) 113
なさる (nasaru)/to do (honorific) 115
に気がつく (ni ki ga tsuku) / to notice, to realize. . . . 117
にくい (nikui) / difficult to, hard to 120
にみえる (ni mieru): to look, to seem, to appear 122
のなかで (no naka de)/in, among 124
のに (noni)-1: in order to 126
のに (noni)—2: although, in spite of, even though.. . . 129
のように / のような (no you ni/no you na): like, similar to 132
お〜になる (o ni naru) "to do something (honorific)" . 136
おきに (oki ni): repeated at intervals, every . . . 138
おわる (owaru): to finish, to end 140
られる (rareru) 1: to be able to do something . . . 143
られる (rareru) 2: (passive voice) 146
らしい (rashii): seems like 149
さ (sa): (nominalizer for adjectives) 151
させる (saseru): to make/let somebody do something 154
させられる (saserareru): to be made to do something . 157
さすが (sasuga): as one would expect 159

し (shi) "and"	 162
しか〜ない (shika~nai): only; nothing but	 165
そんなに (sonna ni): so, so much, like that	 167
それでも (sore demo): but still, and yet	 170
そうだ (sou da) - 2: look like, appear, seem	 173
そうだ (sou da) -1: I heard that, it is said that	 175
たばかり (ta bakari): just did, something just happened.	.178
たがる (tagaru): to want to	 181
たら (tara): if, after, when	 184
たらどう (tara dou): why don't you	 187
たり〜たり (tari~tari): do such things like	 189
たところ (ta tokoro): just finished doing, was just doing	 192
てあげる (te ageru): to do something for someone	... 195
てある (te aru): something is/has been done	 198
てほしい (te hoshii): I need you to	 201
ていく (te iku): to go on, to start	 203
ているところ (teiru tokoro): in the process of doing	.. 205
ていた (te ita): was doing something	 208
てくれる (tekureru) "to do something for me or somebody's sake"	 213
てくる (te kuru): to come to, to become, to continue.	... 216
てみる (te miru) "to try to"	 219
てもらう (te morau) "to get somebody to do something"	 224
V+ ておく （teoku) "to prepare something for future"	 227
てしまう (te shimau) "to do something by accident, to finish completely"	 229
てすみません (te sumimasen): I'm sorry for	 232
てよかった (te yokatta): I'm glad that	 234
と (to): if, when, and	 236
と〜と、どちらが (to~to, dochira ga): which one	.. 239

ということ (to iu koto): (changes a sentence or phrase into a Noun) 241
といってもいい (to itte mo ii): you could say, you might say 244
といわれている (to iwarete iru): it is said that.. ... 247
とか〜とか (toka ~ toka): among other things, such as 250
とき (toki): when, at the time 253
ときいた (to kiita): I heard that 256
ところ (tokoro): about to, on the verge of 259
とみえる (to mieru): it seems that 261
つづける (tsuzukeru): to continue 265
やすい (yasui): easy to, likely to 267
より (yori): than 269
ようだ (you da): it seems that, it appears that, it looks like 274
ようになる (you ni naru): to reach the point that .. 278
ようにする (you ni suru): to try to, to make sure that 281
ようとおもう (you to omou): I think I will 284
ぜんぜん (zenzen): (not) at all 286
聞こえる (kikoeru) "to be able to hear" 聞く (kiku) "to listen" 291
見える (mieru) "is visible, to be able to see" 見られる (mirareru) "(potential form) to be able to watch" 293
Vocabulary: 遅れる (okureru) 遅刻する (chikoku suru) "to be late" 295
もらう (morau) "to receive" 297
もらう (morau) "to have someone do something" .. 299
あげる (ageru) "to give" 301
くれる (kureru) "to give" 303

Honorific Form 召し上がる (meshiagaru) - "(honorific) to eat" 305

Humble form "to do something (honorific)" 307

The causative-passive form　Vせられる and Vされる "to be made to do something" 309

V-れる (Potential Form)" 312

■ A simple way to build vocabulary in a foreign language through the Read-Aloud Method 316

■ Japanese Lessons on line 323

■ Preface

Learning a language is a long journey. Are you heading ahead on the right path? If you take the wrong way, you will not achieve your goal and your time and effort spent on will be in vain.

In myself, I had a hard time to communicate in a foreign language at the beginning. I felt frustrated and helpless.

However, I finally discovered a quite effective learning approach. Thanks to making efforts through this approach, now I can write, listen, speak, and enjoy communication in a foreign language.

By my experience of practicing this approach for more than ten years, I am convinced that this is one of the most effective learning approaches for any language learners. I share my learning methods with you as much as I can.

One of the most important methods I will share is Sentence Pattern Method (SPM). Sentence Pattern Method is the sentence template that contains constants and variables. This is similar to the mathematical formula.

Also, I will tell you how to utilize "Read-aloud Method" to print sentence patterns in your memory and to open the door to boost your Japanese communications skills.

■ Learning Methods / how to utilize this book

I have 2 learning methods which I recommend to you.

① The Sentence Pattern Method (to install grammar rules in your brain)

② The Read-aloud Method (to strengthen your memory)

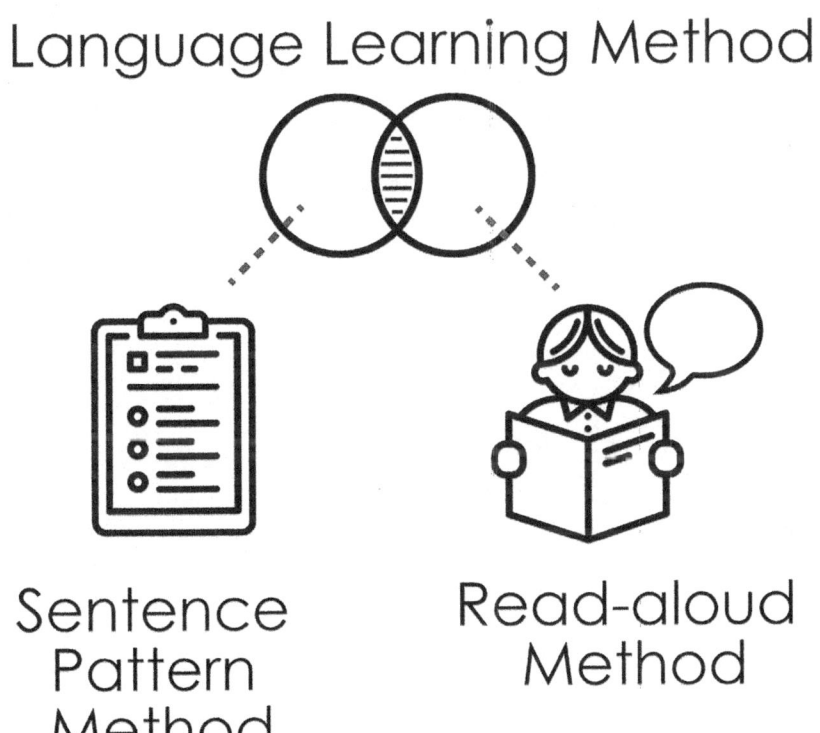

1.The Sentence Pattern Method

If you have Genki or any textbooks, you will eventually come to the conclusion that while they get you started, you are still lacking skills in that language. So what can you do? Let's try the Sentence Pattern approach!

When you find some Japanese expressions which you want to acquire, I recommend you to collect several Japanese sentences (around 5 to 7) which have the common structure. Additionally, if you prepare an English(or your mother tongue) translation of the sentences, that would be great.

It is good for you to understand simple formulas for sentences. After understanding and practicing these patterns and you can stick words in... and create your own sentences! You can see an example of the following:

日本語 / にほんご / Japanese
(1) 地下鉄はどこですか。
(2) トイレはどこですか。
(3) 博物館はどこですか。
(4) 渋谷駅はどこですか。
(5) 郵便局はどこですか。

英語 / えいご / English
(1) Where is the subway?
(2) Where is the bathroom?
(3) Where is the museum?
(4) Where is Shibuya station?
(5) Where is the post office?

ひらがな / Hiragana
(1) ちかてつは どこ ですか。
(2) といれは どこ ですか。
(3) はくぶつかんは どこ ですか。
(4) しぶやえきは どこ ですか。
(5) ゆうびんきょくは どこ ですか。

ローマ字 / Roman letters
(1) Chika-tetsu wa doko desuka?
(2) Toire wa doko desuka?
(3) Hakubutsu-kan wa doko desuka?
(4) Shibuya eki wa doko desuka?
(5) Yûbin-kyoku wa doko desuka?

After checking them out, it would not difficult for you to find a common pattern among them. Now you can make your own sentence by switching the first noun in the sentence. That's quite simple, isn't it?

After learning sentence patterns, you can create a variety of sentences and not to be limited to one or two patterns each time you speak or write.

Also, you can more easily correct sentences because you'll know how sentences are built. You'll understand the parts of a clause and how they fit together.

However, I have to admit that knowing sentence patterns is not enough. We need to practice to help set them more firmly in our memory. So, I am going to tell you another method.

2.The Read-aloud Method

To tattoo these expressions in your brain, I recommend you to read a group of sentences out loud 60 times in total(I do it at least 80 times).To begin with, you can focus on reading only Japanese sentences out loud to remember them 4 times.

Also, don't forget to take a note about how many times you read. This is very important!

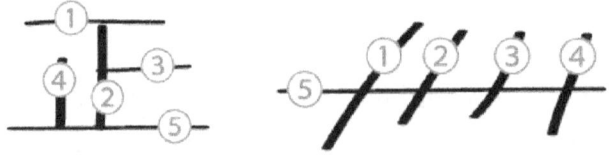

After reading Japanese sentences out loud twice, please take a look at English sentences and check whether you can translate them into Japanese correctly or you can't.

This is not only a self-checking process but also an important process that helps you clarify the meaning of Japanese words, expressions, and sentence patterns in your brain.

If you can't do it well, please don't worry about it. Let's read the Japanese sentences out loud twice again.
This is a basic routine of the Read-Aloud Method. I recommend

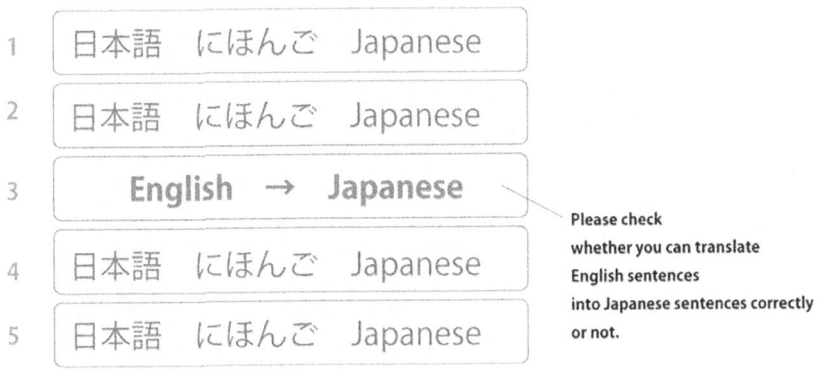

you to practice this basic routine three times a day.
At the second time of the routine, you will check whether you can translate the English sentences into Japanese sentences again. I'm sure you can do better than you did last time.

At the third time, you would be more accurate than before.
So, you read a group of sentences out loud 15 times a day. It takes only 5 or 10 minutes a day.

I recommend you to read a group of Japanese sentences with common structure out loud 60 times in total. So, you will basically master one sentence pattern in 4 days.

1day

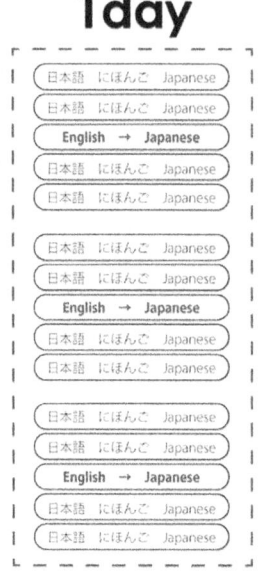

15 times   X   4 days = 60 times

After that, you would feel that it is difficult for you to forget the sentence pattern you read out loud. In addition, when you speak to Japanese speakers, your brain would try to get opportunities to use it in actual conversations. Please let your brain allow to make conversation with the sentence pattern you mastered!

I believe this method helps you boost your communication skills in Japanese!

[語句のヒント] (1)日本を発つ leave Japan (2)バス料金 bus fares (3)立ち寄る stop in (4)タイ Thailand (5)退院する ... (6)入院する be hospitalized

〔英訳〕
(1) Do you know when he's going to leave ...?
(2) Do you know when the bus fares will ...?
(3) Do you know when he stopped in ... day?
(4) Do you know when he's going to ... Thailand?
(5) Do you know when he's going to ... tal?
(6) Do you know when he's going to ...

●●● ワンポイント情報 ●●●
バスの料金には通勤、通学、定期の期間、高等 ... いろ種類があります。従って bus fares と複数 ...

where＋主語＋動詞

〔練習問題〕下記の和文を英訳せよ。
(1) 私はどこでこれを買ったか覚えていません。
(2) 私は彼が今どこにいるのか見当がつきません。
(3) 私は彼がどこでバスを降りたのか知りません。
(4) 市役所はどこにあるのか教えて貰えますか。
(5) フランス大使館はどこにあるのか教えて貰えますか。
(6) どこで電車を乗り換えたら良いか教えて貰えますか。

[語句のヒント] (1)覚えている remember (2)見当がつかない have no idea (3)降りる get off the bus (4)市役所 City Hall 教えて貰えますか Can you tell me ...? (5)フランス大使館 French Embassy (6)電車を乗り換える change trains

〔英訳〕
(1) I don't remember where I bought this.
(2) I have no idea where he is now.
(3) I don't know where he got off the bus.
(4) Can you tell me where City Hall is?
(5) Can you tell me where the French Embassy is?
(6) Can you tell me where I should change trains?

あまり〜ない (amari~nai): "not very, not much"

Meaning:
not very; not much

Formation:
あまり + Verb- ない form
あまり + Noun + じゃない / ではない
あまり + い adj（ーい）+ くない / くありません
あまり + な adj + じゃない / ではない

日本語 / にほんご / Japanese
(1) 私はあまり眠くない / 眠くないです。
(2) 私はあまり旅行しない / 旅行しません。
(3) 私は鶏肉があまり好きではない / 好きではありません。
(4) 三月中、彼女はあまりフランス語を勉強しなかった / 勉強しませんでした。
(5) 香港はあまり寒くない / 寒くないです。
(6) イギリスのジャムはあまりおいしくない / おいしくないです。

英語 / えいご / English
(1) I don't feel very sleepy.
(2) I don't travel a lot.
(3) I don't like chicken very much.

(4) In March, she didn't study French a lot.
(5) The weather is not very cold in Hong Kong.
(6) English jam doesn't taste very good.

ひらがな / Hiragana

(1) わたしは あまり ねむくない / ねむくありません。
(2) わたしは あまり りょこうしない / りょこうしません。
(3) わたしは とりにくが あまり すきではない / すきではありません。
(4) さんがつちゅう、かのじょは あまり ふらんすごを べんきょう しなかった / べんきょう しませんでした。
(5) ほんこんは あまりさむくない / さむく ないです。
(6) いぎりすの じゃむは あまり おいしく ない / おいしく ないです。

ローマ字 / Roman letters

(1) Watashi wa amari nemuku nai / nemuku ari masen.
(2) Watashi wa amari ryokô shinai / ryokô shi masen.
(3) Watashi wa toriniku ga amari sukide wa nai / sukide wa ari masen.
(4) San gatsu-chû, kanojo wa amari Furansugo o benkyô shinakatta / benkyô shimasen deshita.
(5) Honkon wa amari samuku nai / samuku nai desu.
(6) Igirisu no jamu wa amari oishiku nai / oishiku nai desu.

あとで (ato de) "after, later"

Meaning:
after; later

Formation:
Verb-casual, past + 後で
Noun + の後で

日本語 / にほんご / Japanese
(1) 私は授業の後で映画を見に行く　/　行きます。
(2) 昼ごはんの後で友達とコーヒーを飲んだ　/　飲みました。
(3) 日曜日、彼は夕食をとった後で、お風呂に入る　/　入ります。
(4) 私の兄は薬を飲んだ後で、一時間ほど寝た　/　寝ました。
(5) 宿題を終えた後で、電話をする　/　電話をします。
(6) 私たちは説明を聞いた後で、作業を始める　/　始めます。

英語 / えいご / English
(1) I will go to the movies after the class.
(2) I drank coffee with my friends after having lunch.
(3) He takes a bath after eating dinner on Sundays.
(4) My older brother slept for about an hour after taking the medicine.
(5) I'll make a phone call after I have finished my homework.
(6) We'll start working after listening to the explanation.

ひらがな / Hiragana

(1) わたしは　じゅぎょうの あとで えいがを みに いく / いきます。

(2) ひるごはんの あとで ともだちと こーひーを のんだ / のみました。

(3) にちようび、かれは　ゆうしょくを　とったあとで、おふろにはいる / はいります。

(4) わたしの あには くすりを のんだ あとで、いちじかん ほど ねた / ねました。

(5) しゅくだいを おえた あとで、でんわを する / でんわを します。

(6) わたしたちは せつめいを きいた あとで、さぎょうを はじめる / はじめます。

ローマ字　/ Roman letters

(1) Watashi wa jugyô no ato de eiga o mi ni iku/ ikimasu.

(2) Hiru gohan no ato de tomodachi to kohî o nonda/ nomimashita.

(3) Nichiyôbi, kare wa yûshoku o totta ato de, ofuro ni hairu/ hairimasu.

(4) Watashi no ani wa kusuri o nonda ato de, ichi-jikan hodo neta/ nemashita.

(5) Shukudai o oeta ato de, denwa o suru/ denwa o shimasu.

(6) Watashi-tachi wa setsumei o kîta ato de, sagyô o hajimeru/ hajimemasu.

ば (ba) "if… then"

Meaning:
if… then (ば conditional)

日本語 / にほんご / Japanese
(1) 必要ならば、私が医者に聞く / 聞きます。
(2) 問題が起きれば、あなたにメールする / メールします。
(3) 都合がよければ、明日、私はあなたに会いたい / 会いたいです。
(4) 可能ならば、クレジットカードで支払いたい / 支払いたいです。
(5) あなたにお薦めがあるならば、教えて / 教えてください。
(6) あなたに不満があるならば、私に話して / 話してください。
(7) あなたに時間があれば、ダンスの仕方を教えて / 教えてください。

英語 / えいご / English
(1) I will ask the doctor if needed.
(2) If a problem occurs, I will email you.
(3) If it's convenient, I'd like to see you tomorrow.
(4) I'd like to pay by credit card if it's possible.
(5) Please let me know if you have any recommendations.
(6) If you have dissatisfaction, please talk to me.
(7) If you had more time, please teach me how to dance.

ひらがな / Hiragana

(1) ひつよう ならば、わたしが いしゃに きく / ききます。

(2) もんだいが おきれば、あなたに めーる する / めーる します。

(3) つごうが よければ、あす、わたしは あなたに あいたい / あいたいです。

(4) かのう ならば、くれじっと かーどで しはらいたい / しはらいたいです。

(5) あなたに おすすめが あるならば、おしえて / おしえてください。

(6) あなたに ふまんが あるならば、わたしに はなして / はなしてください。

(7) あなたに じかんが あれば、だんすの しかたを おしえて / おしえてください。

ローマ字 / Roman letters

(1) Hitsuyô naraba, watashi ga isha ni kiku/ kikimasu.

(2) Mondai ga okireba, anata ni mêru suru/ mêru shimasu.

(3) Tsugô ga yokereba, ashita, watashi wa anata ni aitai/ aitaidesu.

(4) Kanônaraba, kurejitto-kâdo de shiharaitai/ shiharaitaidesu.

(5) Anata ni osusume ga arunaraba, oshiete/ oshietekudasai.

(6) Anata ni fuman ga arunaraba, watashi ni hanashite/ hanashite kudasai.

(7) Anata ni jikan ga areba, dansu no shikata o oshiete/ oshiete kudasai.

場合は (baai wa) "in the event of"

Meaning:
if; in the case; in the event of

Formation:
Verb-casual + 場合（は）
Noun + の場合（は）

日本語 / にほんご / Japanese
(1) 緊急の場合、私は警察に電話する / 電話します。
(2) 雨天の場合は運動会を中止する / 中止します。
(3) キャンセルの場合は、料金を返金する / 返金します。
(4) 電車に遅れた場合は、私はタクシーを使う / 使います。
(5) 明日、雨が降った場合は運動会を中止する / 中止します。
(6) あなたが２つ買った場合は、もう１つ無料で手に入る / 入ります。

英語 / えいご / English
(1) In case of emergency, I will call the police.
(2) In case of rain, the athletic meeting will be called off.
(3) In the case of cancellation, we refund the fee.
(4) In case I miss the train, I will take a taxi.
(5) If it rains tomorrow, we will cancel the athletic festival.
(6) If you buy two, you will get another one free.

ひらがな / Hiragana

(1) きんきゅうのばあい、わたしは けいさつに でんわする / でんわします。

(2) うてんのばあいは うんどうかいを ちゅうしする / ちゅうしします。

(3) きゃんせるのばあいは、りょうきんをへんきんする / へんきんします。

(4) でんしゃに おくれた ばあいは、わたしはたくしーを つかう / つかいます。

(5) あした、あめがふった ばあいは うんどうかいを ちゅうしする / ちゅうしします。

(6) あなたが ふたつ かった ばあいは、もう ひとつ むりょうで てにはいる / はいります。

ローマ字 / Roman letters

(1) Kinkyû no bâi, watashi wa keisatsu ni denwa suru/ denwa shimasu.

(2) Uten no bâi wa undôkai o chûshi suru/ chûshi shimasu.

(3) Kyanseru no bâi wa, ryôkin o henkin suru/ henkin shimasu.

(4) Densha ni okureta bâi wa, watashi wa takushî o tsukau/ tsukaimasu.

(5) Ashita, ame ga futta bâi wa undôkai o chûshi suru/ chûshi shimasu.

(6) Anata ga futatsu katta bâi wa, mô hitotsu muryô de tenihairu/ hairimasu.

だけで (dake de): just by

Meaning:
just by; just by doing

Formation:
Verb-casual + だけで
Noun + だけで

日本語 / にほんご / Japanese
(1) 私はそれを想像するだけでとても怖い　/　怖いです。
(2) 弟は彼女の喜ぶ顔を想像するだけで満足した　/　満足しました。
(3) 私はあなたと二人だけで話がしたい　/　話がしたいです。
(4) 山田さんは片足だけで立っている　/　立っています。
(5) あなたはその会議に参加するだけでいい / いいです。
(6) あなたはその書類に署名するだけでいい / いいです。

英語 / えいご / English
(1) I get really scared even just imagining that.
(2) My younger brother was pleased with just imagining her joyous smile.
(3) I want to talk to you alone.
(4) Mr. Yamada is standing on one leg.
(5) All you have to do is take part in that meeting
(6) All you have to do is sign those documents.

ひらがな / Hiragana

(1) わたしは それを そうぞうするだけで とても こわい / こわいです。

(2) おとうとは かのじょの よろこぶかおを そうぞうするだけで まんぞくした / まんぞくしました。

(3) わたしは あなたと ふたりだけで はなしがしたい / はなしがしたいです。

(4) やまださんは かたあしだけで たっている / たっています。

(5) あなたは そのかいぎに さんかするだけで いい / いいです。

(6) あなたは そのしょるいに しょめいするだけで いい / いいです。

ローマ字 / Roman letters

(1) Watashi wa sore o sôzô suru dake de totemo kowai / kowai desu.

(2) Otôto wa kanojo no yorokobu kao o sôzô suru dake de manzoku shita / manzoku shimashita.

(3) Watashi wa anata to futaridake de hanashi ga shitai / hanashi ga shitaidesu.

(4) Yamada-san wa kata ashi dake de tatte iru / tatteimasu.

(5) Anata wa sono kaigi ni sanka suru dakede î / î desu.

(6) Anata wa sono shorui ni shomei suru dakede î / î desu.

だす (dasu) "to suddenly begin, to suddenly appear"

Meaning:
to suddenly begin; to suddenly appear; …out

Formation:
Verb-stem + 出す

Verb-stems

※ You use a verb stem to conjugate verbs into their polite form… the masu-form!

For examples:

歌う　→　歌い (verb-stem)　ます

走る　→　走り (verb-stem)　ます

日本語 / にほんご / Japanese
(1) 子供たちは急に歌い出す　/　歌い出します。
(2) 花が一斉に咲きだす　/咲き出します。
(3) 地下鉄の中で急に一人の男性が歌い出した　/ 歌い出しました。
(4) 雨が突然降り出した　/　降り出しました。
(5) 彼女は突然笑い出した　/　笑い出しました。
(6) 非常ベルが急に鳴り出した　/鳴り出しました。

英語 / えいご / English

(1) Children start to sing suddenly.

(2) All the flowers start to bloom suddenly.

(3) One guy has started to sing all of a sudden on the subway.

(4) It suddenly started raining.

(5) She started in laughing.

(6) The emergency bell suddenly started ringing.

ひらがな / Hiragana

(1) こどもたちは　きゅうに　うたいだす　/　うたいだします。
(2) はなが　いっせいに　さきだす　/さききだします。
(3) ちかてつの　なかで　きゅうに　ひとりの　だんせいが　うたいだした　/　うたいだしました。
(4) あめが　とつぜん　ふりだした　/　ふりだしました。
(5) かのじょは　とつぜん　わらいだした　/　わらいだしました。
(6) ひじょうベルが　きゅうに　なりだした　/なりだしました。

ローマ字 / Roman letters

(1) Kodomo-tachi wa kyû ni utai dasu/ utai dashimasu.

(2) Hana ga isseini saki dasu/ saki dashimasu.

(3) Chikatetsu no naka de kyû ni hitori no dansei ga utai dashita/ utai dashimashita.

(4) Ame ga totsuzen furidashita/ furidashimashita.

(5) Kanojo wa totsuzen warai dashita/ warai dashimashita.

(6) Hijô beru ga kyû ni naridashita/ naridashimashita.

でも (demo): "or something"

Meaning:
…or something

Formation:
Noun + でも

日本語 / にほんご / Japanese
(1) 私はコーヒーでも飲みたい　/　飲みたいです。
(2) 私はケーキでも食べたい　/　食べたいです。
(3) 悪いことでもあったの　/　ありましたか。
(4) あなたたちは喧嘩でもしたの　/　したのですか。
(5) 親にでも頼むつもりだ　/　頼むつもりです。
(6) 妹にでも電話するつもりだ　/　電話するつもりです。

英語 / えいご / English
(1) I would like to drink coffee or something.
(2) I would you like some cake or something.
(3) Did something bad happen?
(4) Did you two have an argument(or a fight) or something?
(5) I am thinking of asking my parents or someone.
(6) I am thinking of calling my younger sister or someone.

ひらがな / Hiragana

(1) わたしは こーひーでも のみたい / のみたいです。
(2) わたしは けーきでも たべたい / たべたいです。
(3) わるいことでも あったの / ありましたか。
(4) あなたたちは けんかでも したの / したのですか。
(5) おやにでも たのむつもりだ / たのむつもりです。
(6) いもうとにでも でんわするつもりだ / でんわするつもりです。

ローマ字 / Roman letters

(1) Watashi wa kôhî demo nomitai/ nomitaidesu.
(2) Watashi wa kêki demo tabetai/ tabetaidesu.
(3) Warui koto demo atta no/ arimashita ka.
(4) Anata-tachi wa kenka demo shita no/ shita nodesu ka.
(5) Oya ni demo tanomu tsumori da / tanomu tsumori desu.
(6) Imôto ni demo denwa suru tsumori da/ denwa suru tsumori desu.

でございます (de gozaimasu)" to be (honorific)"

Meaning:
to be (the polite form of です)

Formation:
です => でございます

日本語 / にほんご / Japanese
(1) こちらは社長の山田でございます。
(2) 本日のお薦めはインド・カレーでございます。
(3) 当店は間もなく閉店時間でございます。
(4) 細川様でございますか？
(5) 部長はどちらにお住まいでございますか？
(6) 何名様でございますか？

英語 / えいご / English
(1)This is President Yamada.
(2)Today's recommendation is an Indian curry.
(3)Our store will be a closing time soon.
(4)Are you Mr. Hosokawa?
(5)Where does the manager live?
(6)How many in your party?

ひらがな / Hiragana
(1) こちらは　しゃちょうの　やまだでございます。
(2) ほんじつの　おすすめはいんど・かれーでございます。
(3) とうてんは　まもなく　へいてんじかんでございます。
(4) ほそかわさまでございますか？
(5) ぶちょうは　どちらに　おすまいでございますか？
(6) なんめいさまでございますか？

ローマ字　/ Roman letters
(1) Kochira wa shachô no Yamada de gozaimasu.
(2) Honjitsu no osusume wa Indo karê de gozaimasu.
(3) Tôten wa mamonaku heiten jikan de gozaimasu.
(4) Hosokawa-sama de gozaimasuka?
(5) Buchô wa dochira ni o sumai de gozaimasuka?
(6) Nanmei sama de gozaimasuka?

がる (garu) "to show signs of; to feel"

がる (garu) can be used to say that someone or yourself is showing signs of~, appearing to~, feeling~, etc.

Meaning:
to show signs of, to be keen to do something, to be eager to do something, to want to do something

Formation:
い adj (ーい) + がる
な adj + がる

がる can be used after i-adjective (whose final い is removed), and occasionally after a na-adjective (with no な in between). In both cases it turns the word from an adjective to a verb which expresses feeling like or looking like that adjective. It's important to note that がる in this case is conjugated like any other verb (がって／がった／がらない／ etc)

日本語 / にほんご / Japanese
(1) ベッキーは犬を怖がる　／　怖がります。
(2) 娘はいつも人前で恥ずかしがる／　恥ずかしがります。
(3) 彼の息子は私の冗談を面白がった　／　面白がりました。

(4) 弟はゲームに負けて残念がっている / 残念がっています。
(5) 犬はお客さんを嫌がっている / 嫌がっています。
(6) 兄は車を欲しがっている / 欲しがっています。

英語 / えいご / English
(1) Becky seems to be afraid of dogs.
(2) My daughter seems to be always shy in the presence of other people.
(3) His son was amused at my joke.
(4) My brother regrets losing the game.
(5) The dog looks like he doesn't like the customer.
(6) My older brother is showing signs of wanting a car.

ひらがな / Hiragana
(1) べっきーはいぬをこわがる / こわがります。
(2) むすめはいつもひとまえではずかしがる / はずかしがります。
(3) かれのむすこはわたしのじょうだんをおもしろがった / おもしろがりました。
(4) おとうとはげーむにまけてざんねんがっている / ざんねんがっています。
(5) いぬは おきゃくさんを いやがっている / いやがっています。
(6) あには くるまを ほしがっている / ほしがっています。

ローマ字　/ Roman letters

(1) Bekkî wa inu o kowagaru / kowagarimasu.

(2) Musume wa itsumo hitomaede hazukashigaru / hazukashigarimasu.

(3) Kare no musuko wa watashi no jyoudan o omosirogatta/ omosirogarimasita.

(4) Otôto wa gemu ni makete zan-nen gatte iru/ zan-nen gatte imasu.

(5) Inu wa okyakusan o iyagatte iru/ iyagatte imasu.

(6) Ani wa kuruma o hoshi gatte iru/ hoshi gatte imasu.

ごろ (goro) "around, about"

Meaning:
around; about ：approximate time point

Formation:
Verb-stem + ごろ / ころ / 頃
Noun + ごろ / ころ / 頃

日本語 / にほんご / Japanese
(1) 毎朝、私は7時ごろ家を出る / 家を出ます。
(2) 毎晩、私は11時ごろ寝る / 寝ます。
(3) 今晩は、夜9時ごろ帰る / 帰ります。
(4) 兄と昼頃、駅で別れた / 別れました。
(5) 何時頃、一緒に食事をしようか / 食事をしましょうか。
(6) いつ頃、あなたの怪我は治るのか / 治りますか。

英語 / えいご / English
(1) I leave home around 7 o'clock every morning.
(2) I go to bed around 11 o'clock every night.
(3) I'll return home at around nine tonight.
(4) I said goodbye to my elder brother at around noon.
(5) About what time shall we eat together?
(6) About when will your injury heal?

ひらがな / Hiragana

(1) まいあさ、わたしは しちじごろ いえを でる / いえを でます。

(2) まいばん、わたしは じゅういちじごろ ねる / ねます。

(3) こんばんは、よる くじごろ かえる / かえります。

(4) あにと ひるごろ えきで わかれた / わかれました。

(5) なんじごろ、いっしょに しょくじを しようか / しょくじを しましょうか。

(6) いつごろ、あなたの けがは なおのるか / なおりますか。

ローマ字 / Roman letters

(1) Mai asa, watashi wa shichi-ji goro ie o deru / ie o de masu.

(2) Maiban, watashi wa jyû-ichi ji goro neru / ne masu.

(3) Konban wa, yoru ku-ji goro kaeru/ kaeri masu.

(4) Ani to hiru-goro eki de wakareta/ wakare mashita.

(5) Nanji goro, issho ni shokuji o shiyô ka/ shokuji o shimashôka.

(6) Itsu goro, anata no kega wa naorunoka / naorimasuka?

はじめる (hajimeru) "to start, to begin to"

Meaning:
to start…; to begin to…

Formation:
Verb- ます stem + 始める

日本語 / にほんご / Japanese
(1) 猫たちが急に騒ぎ始める　/　騒ぎ始めます。
(2) 彼の部署は来月から新規ビジネスに取り組み始める / 取り組み始めます。
(3) 午前から雪が降りはじめた　/　降り始めました。
(4) どうやら日が暮れ始めてきた　/ 日が暮れ始めました。
(5) 最近、同僚の一人が仕事環境について不平を言い始めた　/　言い始めました。
(6) 私の同僚は4年前から日本語を学び始めた　/ 学び始めました。

英語 / えいご / English
(1)Cats suddenly begin to make a noise.
(2)His department will begin to deal with new business from next month.
(3)It started snowing since this morning.
(4)Apparently it began to grow dark.
(5)Recently, one of my colleagues began to complain about the work environment.
(6)My colleague started studying Japanese four years ago.

ひらがな / Hiragana

(1) ねこたちが　きゅうに　さわぎはじめる　/ さわぎはじめます。
(2) かれの　ぶしょは　らいげつから　しんき　びじねすに　とりくみはじめる　/とりくみはじめます。
(3) ごぜんから　ゆきが　ふりはじめた　/ ふりはじめました。
(4) どうやら　ひが　くれはじめてきた　/ひが　くれはじめました。
(5) さいきん、どうりょうの　ひとりが　しごとかんきょうについて　ふへいを　いいはじめた　/いいはじめました。
(6) わたしの　どうりょうは　よねんまえから　にほんごを　まなびはじめた　/まなびはじめました。

ローマ字　/ Roman letters

(1) Neko tachi ga kyû ni sawagi hajimeru/ sawagi hajimemasu.
(2) Kare no busho wa raigetsu kara shinki bijinesu ni torikumi hajimeru/ torikumi hajimemasu.
(3) Gozen kara yuki ga furi hajimeta/ furi hajimemashita.
(4) Dôyara hi ga kure hajimete kita/ hi ga kure hajimemashita.
(5) Saikin, dôryô no hitori ga shigoto kankyô ni tsuite fuhei o î hajimeta/ î hajimemashita.
(6) Watashi no dôryô wa yo-nen mae kara Nihongo o manabi hajimeta/ manabi hajimemashita.

はずだ (hazuda) " it must be, it should be"

Meaning:
it must be, it should be

Formation:
Verb-casual + はずだ
い adjective + はずだ
な adjective + なはずだ
Noun + のはずだ

日本語 / にほんご / Japanese
(1) バスはすぐ来るはずだ　/　来るはずです。
(2) 彼はすぐ戻るはずだ　/　戻るはずです。
(3) 彼は４０歳近いはずだ　/　近いはずです。
(4) その番号であっているはずだ　/　あっているはずです。
(5) きみの両親はそのことを知っているはずだ　/　知っているはずです。
(6) 努力することはあなたの将来に必ず役立つはずだ　/　役立つはずです。

英語 / えいご / English
(1)The bus should be coming soon.
(2)He should be back any minute.
(3)He must be nearly forty.

(4) I'm sure I have the right number.
(5) Your parents should know about it.
(6) It must be useful for your future to put forth your effort.

ひらがな / Hiragana
(1) ばすは　すぐ　くる　はずだ　/くる　はずです。
(2) かれは　すぐ　もどる　はずだ　/　もどる　はずです。
(3) かれは　よんじゅっさい　ちかい　はずだ　/　ちかい　はずです
(4) そのばんごうで　あっている　はずだ　/あっている　はずです。
(5) きみの　りょうしんは　そのことを　しっている　はずだ　/　しっている　はずです。
(6) どりょくすることは　あなたの　しょうらいに　かならず　やくだつ　はずだ　/　やくだつ　はずです。

ローマ字　/ Roman letters
(1) Basu wa sugu kuru hazuda/ kuru hazudesu.
(2) Kare wa sugu modoru hazuda/ modoru hazudesu.
(3) Kare wa yon jyussai chikai hazuda/ chikai hazudesu.
(4) Sono bangô de atte iru hazuda/ atte iru hazudesu.
(5) Kimi no ryôshin wa sono koto o shitte iru hazuda/ shitte iru hazudesu.
(6) Doryoku suru koto wa anata no shôrai ni kanarazu yakudatsu hazuda/ yakudatsu hazudesu.

がする (ga suru) "smell, hear, taste"

Meaning:
smell, hear, taste

Formation:
Noun + がする

日本語 / にほんご / Japanese
(1) いい匂いがする　/　匂いがします。
(2) 焦げ臭い匂いがする　/　匂いがします。
(3) 雨の音がする　/　音がします。
(4) 何か音がする　/　音がします。
(5) 苦い味がする　/　味がします。
(6) それはしょっぱい味がする　/　味がします。

英語 / えいご / English
(1)It smells good.
(2)I smell something burning
(3)I hear the rain
(4)I hear something.
(5)It tastes bitter.
(6)That tastes salty.

ひらがな / Hiragana

(1) いい においが する / においが します。
(2) こげくさい においが する / においが します。
(3) あめの おとが する / おとが します。
(4) なにか おとが する / おとが します。
(5) にがい あじが する / あじが します。
(6) それは しょっぱい あじが する / あじが します。

ローマ字 / Roman letters

(1) Ii nioi ga suru/ nioi ga shimasu.
(2) Koge kusai nioi ga suru/ nioi ga shimasu.
(3) Ame no oto ga suru/ oto ga shimasu.
(4) Nani ka oto ga suru/ oto ga shimasu.
(5) Nigai aji ga suru/ aji ga shimasu.
(6) Sore wa shoppai aji ga suru/ aji ga shimasu.

はずがない (hazu ga nai) "cannot be"

Meaning:
cannot be; it's impossible that

Formation:
Verb-casual + はずがない
Noun + のはずがない
い adj + はずがない
な adj + なはずがない

日本語 / にほんご / Japanese
(1) それが本当のはずがない / はずがありません。
(2) その噂が本当であるはずがない / はずがありません。
(3) 係長が忙しいはずはない / はずがありません。
(4) 父が病気のはずがない / はずがありません。
(5) 私の娘があの医者を知っているはずがない / はずがありません。
(6) あの頑丈な建物が壊れるはずがない / はずがありません。

英語 / えいご / English
(1) It can't be true.
(2) The rumor cannot be true.
(3) The chief can not be busy.
(4) My father cannot be ill.
(5) My daughter can not know that doctor.
(6) That strong building can't be broken.

ひらがな / Hiragana

(1) それが　ほんとうのはずがない　/　はずがありません。

(2) そのうわさが　ほんとうであるはずがない　/　はずがありません。

(3) かかりちょうが　いそがしいはずがない　/　はずがありません。

(4) ちちが　びょうきのはずがない　/　はずがありません。

(5) わたしの　むすめが　あのいしゃを　しっているはずがない　/　はずがありません。

(6) あの　がんじょうな　たてものが　こわれるはずがない　/　はずがありません。

ローマ字　/ Roman letters

(1) Sore ga hontô no hazu ga nai/ hazu ga arimasen.

(2) Sono uwasa ga hontô dearu hazu ga nai/ hazu ga arimasen.

(3) Kakarichô ga isogashî hazu ga nai/ hazu ga arimasen.

(4) Chichi ga byôki no hazu ga nai/ hazu ga arimasen.

(5) Watashi no musume ga ano isha o shitte iru hazu ga nai/ hazu ga arimasen.

(6) Ano ganjôna tatemono ga kowareru hazu ga nai/ hazu ga arimasen.

ひつよう (hitsuyou) "need, necessary"

Meaning:
need; necessary

Formation:
Noun + が必要だ

More infomation:
には (niwa)　に + は
に（at, on, to, or in）+ は（emphasizing）

日本語 / にほんご / Japanese
(1) 君の家は修理が必要だ　/　必要です。
(2) 人は生きるために空気が必要だ　/　必要です。
(3) 彼には少し考える時間が必要だ　/　必要です。
(4) 私には治療がたしかに必要だ　/　必要です。
(5) あなたには彼の助けが必要だ　/　必要です。
(6) 私たちにはもっと睡眠を取ることが必要だ　/　必要です。
(7) 私たちには経費の節約が絶対的に必要だ　/　必要です。

英語 / えいご / English
(1) Your house needs repair.
(2) People need air to live.
(3) He needs some time to think.
(4) I need treatment certainly.
(5) You need his help.
(6) It is necessary for us to take more sleep.
(7) We absolutely need to save expenses.

ひらがな / Hiragana

(1) きみの いえは しゅうりが ひつようだ / ひつようです。
(2) ひとは いきるために くうきがひつようだ / ひつようです。
(3) かれには すこし かんがえる じかんが ひつようだ / ひつようです。
(4) わたしには ちりょうが たしかに ひつようだ / ひつようです。
(5) あなたには かれの たすけが ひつようだ / ひつようです。
(6) わたしたちには もっと すいみんを とることが ひつようだ / ひつようです。
(7) わたしたちには けいひの せつやくが ぜったいてきに ひつようだ / ひつようです。

ローマ字 / Roman letters

(1) Kimino ie wa shûri ga hitsuyô da/ hitsuyô desu.
(2) Hito wa ikiru tame ni kûki ga hitsuyô da/ hitsuyô desu.
(3) Kare ni wa sukoshi kangaeru jikan ga hitsuyô da/ hitsuyô desu.
(4) Watashi niwa chiryô ga tashikani hitsuyô da/ hitsuyô desu.
(5) Anata ni wa kare no tasuke ga hitsuyôda/ hitsuyô desu.
(6) Watashi-tachi ni wa motto suimin o toru koto ga hitsuyô da/ hitsuyô desu.
(7) Watashi-tachi ni wa keihi no setsuyaku ga zettai teki ni hitsuyô da/ hitsuyô desu.

ひつようがある (hitsuyou ga aru) "it is necessary to"

Meaning:
need, it is necessary to

Formation:
Verb-dictionary form + 必要がある

日本語 / にほんご / Japanese
(1) 私はそれをよく考える必要がある ／ 必要があります。
(2) あなたはこの眼鏡を調整する必要がある ／ 必要があります。
(3) 私たちは話し合う必要がある ／ 必要があります。
(4) 来週から、私たちは自分たちで食事を作る必要がある ／ 必要があります。
(5) 明日、先生は図書館に行く必要がある ／ 必要があります。
(6) 明後日までに、あなたはそれを記憶する必要がある ／ 必要があります。
(7) まず、あなたは部屋を掃除する必要がある ／ 必要があります。

英語 / えいご / English
(1) I need to give it a good think.
(2) You need to adjust this glasses.
(3) We need to talk.
(4) From next week, we need to make our own meal.

(5) The teacher needs to go to the library tomorrow.
(6) By the day after tomorrow, you need to memorize it.
(7) First of all, you need to clean the room.

ひらがな / Hiragana
(1) わたしは　それを　よく　かんがえる　ひつようがある　/　ひつようがあります。
(2) あなたは　このめがねを　ちょうせいする　ひつようがある　/　ひつようがあります。
(3) わたしたちは　はなしあう　ひつようがある　/　ひつようがあります。
(4) らいしゅうから、わたしたちは　じぶんたちで　しょくじを　つくるひつようがある　/　ひつようがあります。
(5) あした、せんせいは　としょかんに　いく　ひつようが　ある　/　ひつようがあります。
(6) あさってまでに、あなたは　それを　きおくする　ひつようがある　/　ひつようがあります。
(7) まず、あなたは　へやを　そうじする　ひつようがある　/　ひつようがあります。

ローマ字 / Roman letters
(1) Watashi wa sore o yoku kangaeru hitsuyô ga aru/ hitsuyô ga arimasu.
(2) Anata wa kono megane o chôsei suru hitsuyôga aru/ hitsuyô ga arimasu.
(3) Watashi-tachi wa hanashiau hitsuyô ga aru/ hitsuyô ga arimasu.

(4)Raishû kara, watashi-tachi wa jibun-tachi de shokuji o tsukuru hitsuyô ga aru/ hitsuyô ga arimasu.

(5)Ashita, sensei wa toshokan ni iku hitsuyô ga aru/ hitsuyô ga arimasu.

(6)Asatte made ni, anata wa sore o kioku suru hitsuyôga aru/ hitsuyô ga arimasu.

(7)Mazu, anata wa heya o sôji suru hitsuyô ga aru/ hitsuyô ga arimasu.

ほしい (hoshii) "to want something, to be in need of"

Meaning:
to want something; to be in need of

Formation:
Noun + が欲しい

日本語 / にほんご / Japanese
(1) 私はフランス語の通訳が欲しい　/　欲しいです。
(2) 私はこの香水が欲しい　/　欲しいです。
(3) 私は自分の時間が欲しい　/　欲しいです。
(4) 寒くなったので、暖房が欲しい　/　欲しいです。
(5) 来月までに私はたくさんのアイデアが欲しい　/　欲しいです。
(6) 来週までに私はその見積が欲しい　/　欲しいです。
(7) 今週中に私はあなたからの返事が欲しい　/　欲しいです。

ことばと表現 / Words & Expressions
暖房【だんぼう】heater

英語 / えいご / English

(1) I want a French interpreter.

(2) I want this perfume

(3) I want my own time.

(4) It got cold, so I want a heater.

(5) I want a lot of ideas by next month.

(6) By next week I want the estimate.

(7) I want a reply from you within this week.

ひらがな / Hiragana

(1) わたしは　ふらんすごの　つうやくが　ほしい　/　ほしいです。
(2) わたしは　この　こうすいが　ほしい　/　ほしいです。
(3) わたしは　じぶんの　じかんが　ほしい　/　ほしいです。
(4) さむくなったので、だんぼうが　ほしい　/　ほしいです。
(5) らいげつまでに　わたしは　たくさんの　あいであが　ほしい　/　ほしいです。
(6) らいしゅうまでに　わたしは　そのみつもりが　ほしい　/　ほしいです。
(7) こんしゅうちゅうに　わたしは　あなたからの　へんじが　ほしい　/　ほしいです。

ローマ字　/ Roman letters

(1) Watashi wa Furansugo no tsûyaku ga hoshî/ hoshîdesu.

(2) Watashi wa kono kôsui ga hoshî/ hoshidesu.

(3) Watashi wa jibun no jikan ga hoshî/ hoshidesu.

(4) Samuku nattanode, danbô ga hoshî/ hoshîdesu.

(5) Raigetsu made ni watashi wa takusan no aidea ga hoshî / hoshî desu.

(6) Raishû made ni watashi wa sono mitsumori ga hoshî/ hoshi desu.

(7) Konshûchû ni watashi wa anata kara no henji ga hoshii/ hoshii desu.

いらっしゃる (irassharu) "to be, to come, to go"

Meaning:
to be; to come; to go (the polite form of いる, 来る, 行く)

Formation:
いる / 来る / 行く => いらっしゃる
Verb- て form + いらっしゃる

日本語 / にほんご / Japanese
(1) 校長先生は図書館にいます　/　いらっしゃいます。
(2) 今日、社長は会社にいます　/　いらっしゃいます。
(3) 来週、新しい顧客が私たちのオフィスに来ます　/ いらっしゃる。
(4) 来月、ＣＥＯがニューヨークから東京へ来ます　/ いらっしゃる。
(5) 寺本係長はいますか / いらっしゃいますか？
(6) 何時まで田中教授はオフィスにいますか　/　いらっしゃいますか？

英語 / えいご / English

(1) The principal is in the library.
(2) Today, our president is in the company.
(3) Next week, new clients are coming to our office
(4) Next month, CEO will come from New York to Tokyo.
(5) Is Mr. Teramoto there?
(6) Until what time does Professor Tanaka stay in the office?

ひらがな / Hiragana

(1) こうちょう　せんせいは　としょかんに　います　/ いらっしゃいます。
(2) きょう、しゃちょうは　かいしゃに　います　/ いらっしゃいます。
(3) らいしゅう、あたらしい　こきゃくが　わたしたちの　おふぃすにきます　/ いらっしゃる。
(4) らいげつ、CEOが　にゅーよーくから　とうきょうへ　きます　/ いらっしゃる。
(5) てらもと　かかりちょうは　いますか　/ いらっしゃいますか？
(6) なんじまで　たなか　きょうじゅは　おふぃすに　いますか　/　いらっしゃいますか？

ローマ字　/ Roman letters

(1) Kôchô sensei wa toshokan ni imasu/ irasshaimasu.

(2) Kyô, shachô wa kaisha ni imasu/ irasshaimasu.

(3) Raishû, atarashî kokyaku ga watashi-tachi no ofisu ni kimasu/ irassharu.

(4) Raigetsu, CEO ga Nyû Yôku kara Tôkyô e kimasu/ irassharu.

(5) Teramoto kakarichô wa imasuka/ irasshaimasuka?

(6) Itsumade Tanaka kyôju wa ofisu ni imasuka/ irasshaimasuka?

いらっしゃる (irassharu) "Honorific Forms of 「来る」 come/「行く」 go/「いる」 be"

いらっしゃる is the honorific from of「来る」come/「行く」go/「いる」be.

The function of the honorific form is to show your respects to particular people.

日本語 / にほんご / Japanese
(1) 今日はお客様が職場にいらっしゃいます。
(2) 田中様が14時に会議室にいらっしゃいます。
(3) 社長は先ほどいらっしゃいました。
(4) 私はそこに先生がいらっしゃったことに気づきませんでした。
(5) 部長が次に本社にいらっしゃるのはいつですか？

英語 / えいご / English
(1) Today a guest will come to the office.
(2) Mr.Tanaka will come to the meeting room at 14 o'clock.
(3) The president has just arrived.
(4) I did not realize that a teacher was there.
(5) When is the manager coming to the headquarters?

ひらがな / Hiragana

(1) きょうは おきゃくさまが しょくばに いらっしゃいます。

(2) たなかさまが じゅうよじに かいぎしつに いらっしゃいます。

(3) しゃちょうは さきほど いらっしゃいました。

(4) わたしは そこに せんせいが いらっしゃったことにきづきませんでした。

(5) ぶちょうが つぎに ほんしゃに いらっしゃるのは いつですか？

ローマ字 / Roman letters

(1) Kyô wa okyaku sama ga shokuba ni irasshai masu.

(2) Tanaka-sama ga jyûyo-ji ni kaigi shitsu ni irasshaimasu.

(3) Shachô wa saki hodo irasshaimashita.

(4) Watashi wa soko ni sensei ga irasshatta koto ni kidzuki masen deshita.

(5) Buchô ga tsugi ni honsha ni irassharu no wa itsu desu ka?

いたす (itasu): to do (honorific)

Meaning:
to do (the polite form of する)

You use いたす to say that you yourself will do something.
"itasu" can be translated from Japanese to mean "do in a modest sense " in English.
The Japanese kanji for "itasu" is 致す.

Formation:
する => いたします
お / ご + Verb-stem + いたします

日本語 / にほんご / Japanese
(1) すぐにお席にご案内します / 案内致します。
(2) 私がその仕事をお手伝いします / お手伝い致します。
(3) 本日の会議はもう終了しました / 終了致しました。
(4) 本機は１０分後に成田空港に到着します / 到着致します。
(5) 来週の木曜日にわたしが荷物を届けます / お届け致します。
(6) 私たちの会社は１２月１日より名古屋支店を開設します / 開設致します。

ことばと表現 / Words & Expressions
本機【ほんき】this airplane（This machine）

英語 / えいご / English
(1) I will guide you to your table immediately.
(2) I will help you with that work.
(3) The conference today was over.
(4) This airplane (this machine) will arrive at Narita Airport in 10 minutes.
(5) I will deliver my baggage next Thursday.
(6) Our company will open the Nagoya branch from December 1st.

ひらがな / Hiragana
(1) すぐに おせきに あんないします / ごあんないいたします。
(2) わたしが その しごとを てつだいします / おてつだいいたします。
(3) ほんじつの かいぎは もう しゅうりょうしました / しゅうりょういたしました。
(4) ほんきは じゅっぷんごに なりた くうこうに とうちゃくします / とうちゃくいたします。
(5) らいしゅうの もくようびに わたしが にもつを とどけます / おとどけいたします。
(6) わたしたちの かいしゃは じゅうにがつ ついたちより なごやしてんを かいせつします / かいせついたします。

ローマ字 / Roman letters

(1) Sugu ni o seki ni go an'nai shimasu/ an'nai itashimasu.

(2) Watashi ga sono shigoto o otetsudai shimasu/ otetsudai itashimasu.

(3) Honjitsu no kaigi wa mô shûryô shimashita/ shûryô itashimashita.

(4) Honki wa jyuppun go ni Narita kûkô ni tôchaku shimasu/ tôchaku itashimasu.

(5) Raishû no mokuyôbi ni watashi ga nimotsu o otodoke shimasu/ o otodoke itashimasu.

(6) Watashi-tachi no kaisha wa jyûni gatsu tsuitachi yori Nagoya shiten o kaisetsu shimasu/ kaisetsu itashimasu.

じゃないか (janai ka) "isn't it"

Meaning: right?; isn't it?
questioning (something)

Formation:
Phrase + じゃないか

日本語 / にほんご / Japanese
(1) 私が君と会うのは久しぶりじゃないか。
(2) あなたは疲れているんじゃないか。
(3) その泥棒は警察から逃げられないんじゃないか。
(4) アリスはあの時、わざと話題を変えたんじゃないか。
(5) この話は彼に間違った印象を与えるんじゃないか。
(6) 天気予報によれば、この週末は雨が降るんじゃないか。

英語 / えいご / English
(1) It has been a while since I saw you, right?
(2) You are tired, aren't you?
(3) The thief can not escape from the police, right?
(4) Alice changed the subject on purpose at that time, right?
(5) This story will give him the wrong impression, isn't it?
(6) According to the weather forecast, it will rain this weekend, right?

ひらがな / Hiragana
(1) わたしが きみと あうのは ひさしぶりじゃないか。
(2) あなたは つかれているんじゃないか。
(3) そのどろぼうは けいさつから にげられないんじゃないか。
(4) ありすは あのとき、わざと わだいを かえたんじゃないか。
(5) このはなしは かれに、まちがった いんしょうを あたえるんじゃないか。
(6) てんきようほうによれば、このしゅうまつは あめが ふるんじゃないか。

ローマ字 / Roman letters
(1) Watashi ga kimi to au no wa hisashiburi janai ka.
(2) Anata wa tsukarete iru n janai ka.
(3) Dorobô wa keisatsu kara nige rarenai n janai ka.
(4) Arisu wa ano toki, wazato wadai o kaeta n janai ka.
(5) Kono hanashi wa kare ni machigatta inshô o ataeru n janai ka.
(6) Tenki yohô ni yoreba, kono shûmatsu wa ame ga furu n janai ka.

かい (kai) "turns a sentence into a yes/no question"

You can use かい to turn a sentence into a yes/no question.

Formation:
Verb-casual + かい
Noun + なのかい
い adj + かい
な adj + なのかい

日本語 / にほんご / Japanese
(1) スウェーデンの場所を知っているかい　/　知っていますか。
(2) 学校の宿題は終えたかい　/　終えましたか。
(3) あなたは大学生なのかい　/　大学生なのですか。
(4) あなたは来週の試験のことが心配なのかい　/　心配なのですか。
(5) 将来、あなたは日本で働いてみたいかい　/　働いてみたいですか。
(6) 大阪への電車はもう出発したかい　/　出発しましたか。
(7) あなたはオーストラリア旅行の準備はできたかい　/　準備はできましたか。

英語 / えいご / English

(1) Do you know the location of Sweden?
(2) Did you finish your school homework?
(3) Are you a college student?
(4) Are you worried about the exam next week?
(5) Do you want to work in Japan in the future?
(6) Has the train already left for Osaka?
(7) Were you ready for your trip to Australia?

ひらがな / Hiragana

(1) すうぇーでんのばしょをしっているかい　/　しっていますか。
(2) がっこうのしゅくだいのはおえたかい　/　おえましたか。
(3) あなたはだいがくせいなのかい　/　だいがくせいなのですか。
(4) あなたはらいしゅうのしけんのことがしんぱいなのかい　/　しんぱいなのですか。
(5) しょうらい、あなたはにほんではたらいてみたいかい　/　はたらいてみたいですか。
(6) おおさかへのでんしゃはもうしゅっぱつしたかい　/　しゅっぱつしましたか。
(7) あなたはおーすとらりありょこうのじゅんびはできたかい　/　じゅうびはできましたか。

ローマ字　/ Roman letters

(1) Suwêden no basho o shitte iru kai/ shitte imasuka?

(2) Gakkô no shukudai wa oeta kai/ oemashitaka?

(3) Anata wa daigakuseina no kai/ daigakuseina nodesuka?

(4) Anata wa raishû no shiken no koto ga shinpaina no kai/ shinpaina nodesuka?

(5) Shôrai, anata wa Nihon de hataraite mitai kai/ hataraite mitaidesuka?

(6) Ôsaka e no densha wa mô shuppatsu shita kai/ shuppatsu shimashitaka?

(7) Anata wa Ôsutoraria ryokô no junbi wa dekita kai/ junbi wa dekimashitaka?

かどうか (ka dou ka) "whether or not"

Meaning:
whether or not

Formation:
Verb-casual + かどうか
Noun + かどうか
い adj + かどうか
な adj + かどうか

日本語 / にほんご / Japanese
(1) 彼がその本を読んだかどうかはわからない　/　わかりません。
(2) おいしいかどうか食べなければわからない　/　わかりません。
(3) この計画がうまくいくかどうかはまだわからない　/　わかりません。
(4) この資料が信頼できるかどうか疑わしい　/　疑わしいです。
(5) 私はあの映画が面白いかどうか知りたい　/　知りたいです。
(6) 母は妹に週末に買い物に行きたいかどうか尋ねた　/　尋ねました。

英語 / えいご / English
(1) I do not know whether he read the book or not.
(2) You won't know if it's good or not until you taste it.
(3) I still do not know whether this plan will work or not
(4) It is doubtful whether this material can be trusted or not.
(5) I would like to know whether that movie is interesting or not.
(6) My mother asked my younger sister whether she wants to go shopping at the weekend or not.

ひらがな / Hiragana
(1) かれが　そのほんを　よんだかどうか　わからない　/　わかりません。
(2) おいしいかどうか　たべなければ　わからない　/　わかりません。
(3) このけいかくが　うまくいくかどうかは　まだわからない　/　わかりません。
(4) このしりょうが　しんらいできるかどうか　うたがわしい　/　うたがわしいです。
(5) わたしは　あのえいがが　おもしろいかどうか　しりたい　/　しりたいです。
(6) ははは　いもうとに　しゅうまつに　かいものにいきたいか　どうかたずねた　/　たずねました。

ローマ字 / Roman letters

(1) Kare ga sono-hon o yonda ka dô ka wa wakaranai/ wakarimasen.

(2) Oishî ka dô ka tabenakereba wakaranai/ wakarimasen.

(3) Kono keikaku ga umaku iku ka dô ka wa mada wakaranai/ wakarimasen.

(4) Kono shiryô ga shinrai dekiru ka dô ka utagawashî/ utagawashîdesu.

(5) Watashi wa ano eiga ga omoshiroi ka dô ka shiritai/ shiritaidesu.

(6) Haha wa imôto ni shûmatsu ni kaimono ni ikitai ka dô ka tazuneta/ tazunemashita.

かもしれない (kamoshirenai) "might, maybe"

Meaning:
might; maybe; probably

Sometimes in daily conversation, しれない is omitted so you'll only hear かも.

Formation:
Verb-casual + かもしれない
Noun + かもしれない
い ajd + かもしれない
な adj + かもしれない

日本語 / にほんご / Japanese
(1) やがて雨が降るかもしれない / しれません。
(2) お昼頃、雨が降るかもしれない / しれません。
(3) あの話は真実かもしれない / しれません。
(4) 彼女はもう家へ帰ったかもしれない / しれません。
(5) カメラをそこへおいておくと盗まれるかもしれない / しれません。
(6) あの寒い夜に風邪を引いたかもしれない / しれません。

英語 / えいご / English
(1) It may rain soon.
(2) It may rain around noon.
(3) That story can be true.
(4) She may have already gone home.
(5) Your camera may be stolen if you leave it there.
(6) I may have caught a cold on that cold night.

ひらがな / Hiragana
(1) やがて あめが ふるかもしれない / しれません。
(2) おひるごろ、あめが ふるかもしれない / しれません。
(3) あの はなしは しんじつかもしれない / しれません。
(4) かのじょは もう いえへ かえったかもしれない / しれません。
(5) かめらを そこへ おいて おくと ぬすまれるかもしれない / しれません。
(6) あの さむい よるに かぜを ひいたかもしれない / しれません。

ローマ字 / Roman letters
(1) Yagate ame ga furu kamo shirenai/ shiremasen.
(2) Ohiru goro, ame ga furu kamo shirenai/ shiremasen.
(3) A no hanashi wa shinjitsu kamo shirenai/ shiremasen.
(4) Kanojo wa mô ie e kaetta kamo shirenai/ shiremasen.
(5) Kamera o soko e oite okuto nusuma reru kamo shirenai/ shiremasen.
(6) Ano samui yoru ni kaze o hîta kamo shirenai/ shiremasen.

かな (kana) "I wonder"

Meaning:
I wonder, should I?, is it?, I wish that (with a negative), I hope that

Formation:
Sentence + かな

日本語 / にほんご / Japanese
(1) 明日は晴れるかな。
(2) これはいくらかな。
(3) よかったら私を手伝ってくれるかな。
(4) あなたの隣の席に座ってもいいかな。
(5) 私でも通訳になれるかな。
(6) 待ち合わせ場所を間違えたかな
(7) この手紙の私の日本語は正しいかな。

ことばと表現 / Words & Expressions
よかったら if it is ok, if you don't mind

英語 / えいご / English
(1) I wonder if it will be fine tomorrow.
(2) I wonder how much this is.
(3) I wonder if you can help me if it's fine.
(4) I wonder if I can sit in the seat next to you.

(5) I wonder If I can become an interpreter.
(6) I wonder if I am waiting in the wrong place.
(7) I wonder if my Japanese sentences in this letter are correct?

ひらがな / Hiragana
(1) あしたは はれるかな。
(2) これは いくらかな。
(3) よかったら わたしを てつだってくれるかな。
(4) あなたの となりの せきに すわってもいいかな。
(5) わたしでも つうやくに なれるかな。
(6) まちあわせ ばしょを まちがえたかな
(7) この てがみの わたしの にほんごは ただしいかな。

ローマ字 / Roman letters
(1) Ashita wa hareru ka na.
(2) Kore wa ikura ka na.
(3) Yokattara watashi o tetsudatte kureru ka na.
(4) Anata no tonari no seki ni suwatte mo îka na.
(5) Watashi demo tsûyaku ni nareru ka na.
(6) Machi-awase basho o machigaeta ka na
(7) Kono tegami no watashi no Nihongo wa tadashî ka na.

かた (kata) "how to"

Meaning:
how to (the way to do something)

Formation:
Verb- ます stem + かた (方)

Construction:
Take the ~ ます form of a verb minus the ます and then add かた .

日本語 / にほんご / Japanese
(1) 箸の正しい使い方を教えて下さい。
(2) 地下鉄の乗り方を教えて下さい。
(3) 新宿への行き方を教えて下さい。
(4) この漢字の読み方を教えて下さい。
(5) ラーメンの作り方を教えて下さい。
(6) このゲームの遊び方がわからない。
(7) 京都へ旅した後、彼の考え方は変わったかもしれない。

英語 / えいご / English
(1) Please tell me how to use chopsticks correctly.
(2) Please tell me how to get on the subway.
(3) Please tell me how to get to Shinjuku.
(4) Please tell me how to read this kanji.

(5) Please tell me how to make ramen.
(6) I do not know how to play this game.
(7) His way of thinking may have changed after traveling to Kyoto.

ひらがな / Hiragana
(1) はしのただしいつかいかたをおしえてください。
(2) ちかてつののりかたをおしえてください。
(3) しんじゅくへのいきかたをおしえてください。
(4) このかんじのよみあかたをおしえてください。
(5) らーめんのつくりかたをおしえてください。
(6) このげーむのあそびかたがわからない。
(7) きょうとをたびしたあと、かれのかんがえかたはかわったかもしれない。

ローマ字 / Roman letters
(1) Hashi no tadashî tsukaikata o oshiete kudasai.
(2) Chikatetsu no norikata o oshiete kudasai.
(3) Shinjuku e no ikikata o oshiete kudasai.
(4) Kono kanji no yomikata o oshiete kudasai.
(5) Râmen no tsukurikata o oshiete kudasai.
(6) Kono gêmu no asobikata ga wakaranai.
(7) Kyôto e tabi shita ato, kare no kangaekata wa kawatta kamo shirenai.

かしら (kashira): I wonder

Meaning:
I wonder

Formation:
Phrase + かしら

日本語 / にほんご / Japanese
(1) これは誰の車かしら。
(2) 今、彼はどこにいるかしら。
(3) 明日、彼はどこに行くかしら。
(4) 彼女のお兄さんはどんな仕事をしているかしら。
(5) 来月、部長はニューヨークへ引っ越すのかしら。
(6) なぜ伊藤さんはその仕事のオファーを断わったのかしら。
(7) 日曜日の夜に、なぜ兄はいつも夜更かしするのかしら。
(8) オーストラリアで彼女の新しい本は売れるかしら。

ことばと表現 / Words & Expressions
仕事のオファー【しごとのおふぁー】job offer
夜更かしする【よふかしする】to stay up late

英語 / えいご / English

(1) I wonder whose car this is.

(2) I wonder where he is now.

(3) I wonder where he will go tomorrow.

(4) I wonder what kind of work her older brother does.

(5) I wonder if the manager will move to New York next month.

(6) I wonder why Mr. Itoh declined the job offer.

(7) I wonder why my brother always sits up late at night on Sunday night.

(8) I wonder if she can sell her new books in Australia.

ひらがな / Hiragana

(1) これは だれの くるまかしら。

(2) いま、かれは どこに いるかしら。

(3) あした、かれは どこに いくかしら。

(4) かのじょの おにいさんは どんな しごとを しているかしら。

(5) らいげつ、ぶちょうは にゅーよーくへ ひっこすのかしら。

(6) なぜ いとうさんは そのしごとの おふぁーを ことわったのかしら。

(7) にちようびのよるに、なぜ あには いつも よふかしするのかしら。

(8) おーすとらりあで かのじょの あたらしい ほんは うれるかしら。

ローマ字 / Roman letters

(1) Kore wa dare no kuruma kashira.

(2) Ima, kare wa doko ni iru kashira.

(3) Ashita, kare wa doko ni iku kashira.

(4) Kanojo no onîsan wa don'na shigoto o shite iru kashira.

(5) Raigetsu, buchô wa Nyû Yôku e hikkosu no kashira.

(6) Naze Itô-san wa sono shigoto no ofâ o kotowatta no kashira.

(7) Nichiyôbi no yoru ni, naze ani wa itsumo yofukashi suru no kashira.

(8) Ôsutoraria de kanojo no atarashî hon wa ureru kashira.

こと (koto): Verb nominalizer

Meaning:
Verb nominalizer

Formation:
Verb-casual + こと

こと is a nominalizer that turns a verb into a noun.
私は本を読む。 I read books.
私は本を読むことが好きだ。 I like reading books.
私は本を読むのが好きだ。 I like reading books.

日本語 / にほんご / Japanese
(1) 母は泳ぐことが好きだ / 好きです。
(2) 父は近所の公園を走ることが好きだ / 好きです。
(3) 私の趣味は、ギターを弾くことだ / 弾くことです。
(4) 政府の基本的な義務は、国民の生命を守ることだ / 守ることです。
(5) 私が寿司を食べたことは秘密だ / 秘密です。
(6) 子どもの頃、わたしの夢は弁護士になることだった / なることでした。
(7) 彼女は来年から日本で働くことを考えている / 考えています。

ことばと表現 / Words & Expressions
近所【きんじょ】neighborhood
義務【ぎむ】obligation
生命【せいめい】life
弁護士【べんごし】lawyer

英語 / えいご / English
(1) My mother likes swimming.
(2) My father likes running in the neighborhood park.
(3) My hobby is playing the guitar.
(4) The basic obligation of the government is protecting the lives of its citizens.
(5) It is a secret that I ate sushi.
(6) My childhood dream was becoming a lawyer.
(7) She is thinking of working in Japan from next year.

ひらがな / Hiragana
(1) ははは およぐことが すきだ / すきです。
(2) ちちは きんじょの こうえんを はしることが すきだ / すきです。
(3) わたしの しゅみは、ぎたーを ひくことだ / ひくことです。
(4) せいふの きほんてきな ぎむは、こくみんの せいめいを まもることだ / まもることです。
(5) わたしが すしを たべたことは ひみつだ / ひみつです。
(6) こどものころ、わたしの ゆめは べんごしに なることだった / なることでした。

(7) かのじょは らいねんから にほんで はたらくことを かんがえている / かんがえています。

ローマ字 / Roman letters

(1) Haha wa oyogu koto ga sukida/ sukidesu.

(2) Chichi wa kinjo no kôen o hashiru koto ga sukida/ sukidesu.

(3) Watashi no shumi wa, gitâ o hiku kotoda/ hiku kotodesu.

(4) Seifu no kihon-tekina gimu wa, kokumin no seimei o mamoru kotoda/ mamoru kotodesu.

(5) Watashi ga sushi o tabeta koto wa himitsuda/ himitsudesu.

(6) Kodomo no koro, watashi no yume wa bengoshi ni naru kotodatta/ naru kotodeshita.

(7) Kanojo wa rainen kara Nihon de hataraku koto o kangaete iru/ kangaete imasu.

ことができる (koto ga dekiru) "can, be able to"

Meaning: can;
 to be able to

Formation:
Verb-dictionary form + ことができる
Noun + ができる

日本語 / にほんご / Japanese
(1) 私の祖父は英語を読むことができる / 読むことができます。
(2) 私は自転車に乗ることができる / 乗ることができます。
(3) 私たちはそこで重要な文化を学ぶことができる / 学ぶことができます。
(4) 私たちはここから町全体を見ることができる / 見ることができます。
(5) 私たちはこの活動を大きく３つに分けることができる / 分けることができます。
(6) ロボットたちは、昼夜、仕事ができる / 仕事ができます。
(7) 人間の脳は新しい状況に適応することができる / 適応することができます。

ことばと表現 / Words & Expressions
全体【ぜんたい】whole
人間【にんげん】human
脳【のう】brain

適応する【てきおうする】to adapt

英語 / えいご / English
(1) My grandfather can read English.
(2) I can ride a bicycle.
(3) We can learn valuable cultures there.
(4) We can see the whole city from here.
(5) We can divide these activities broadly into 3 parts.
(6) Robots can be on the job day and night.
(7) The human brain can adapt to new situations.

ひらがな / Hiragana
(1) わたしの そふは えいごを よむことができる / よむことができます。
(2) わたしは じてんしゃに のることができる / のることができます。
(3) わたちは そこで じゅうような ぶんかをま なぶことができる / まなぶことができます。
(4) わたしたちは ここから まちぜんたいを みることができる / みることができます。
(5) わたしたちは このかつどうを おおききく みっつに わけることができる / わけることができます。
(6) ろぼっとたちは、ちゅうや、しごとができる / しごとができます。
(7) にんげんの のうは あたらしい じょうきょうに てきおうすることができる / てきおうすることができます。

ローマ字 / Roman letters

(1) Watashi no sofu wa Eigo o yomu koto ga dekiru/ yomu koto ga dekimasu.

(2) Watashi wa jitensha ni noru koto ga dekiru/ noru koto ga dekimasu.

(3) Watashi-tachi wa soko de jûyô na bunka o manabu koto ga dekiru/ manabu koto ga dekimasu.

(4) Watashi tachi wa koko kara machi zentai o miru koto ga dekiru/ miru koto ga dekimasu.

(5) Watashi-tachi wa kono katsudô o ôkiku mittsu ni wakeru koto ga dekiru/ wakeru koto ga dekimasu.

(6) Robotto-tachi wa, chûya, shigoto ga dekiru/ shigoto ga dekimasu.

(7) Ningen no nô wa atarashî jôkyô ni tekiô suru koto ga dekiru/ tekiô suru koto ga dekimasu.

までに (made ni)" by, by the time"

Meaning:
by; by the time

Formation:
Noun + までに

日本語 / にほんご / Japanese
(1) 彼女は時間までに家に着けない / 家に着けません。
(2) 私は水曜日までに返事をする / 返事をします。
(3) 私は11月までには引越しする / 引っ越します。
(4) 私たちは明後日までに準備できる / 準備できます。
(5) 10月11日までに振り込んで / 振り込んでください。
(6) 午後4時までに戻ってきて / 戻ってきてください。
(7) この書類は月曜日までに戻して / 戻してください。

ことばと表現 / Words & Expressions
振り込む【ふりこむ】to pay to someone's account by bank remittance

英語 / えいご / English

(1) She won't be able to arrive at the home in time.
(2) I will reply by Wednesday.
(3) I will move by November.
(4) We will be ready by the day after tomorrow.
(5) Please transfer the money by October 11th.
(6) Please come back before 4:00 pm.
(7) Please return this by Monday.

ひらがな / Hiragana

(1) かのじょは じかんまでに いえに つけない / いえにつけません。
(2) わたしは すいようびまでに へんじを する / へんじをします。
(3) わたしは じゅういちがつまでには ひっこしする / ひっこしします。
(4) わたしたちは あさってまでに じゅんびできる / じゅんびできます。
(5) じゅうがつ じゅういちにちまでに ふりこんで / ふりこんでください。
(6) ごごよじまでに もどってきて / もどってきてください。
(7) このしょるいは げつようびまでに もどして / もどしてください。

ローマ字 / Roman letters

(1) Kanojo wa jikan made ni ie ni tsuke nai/ ie ni tsuke masen.

(2) Watashi wa suiyôbi made ni henji o suru/ henji o shimasu.

(3) Watashi wa jyûichi gatsu made ni wa hikkoshi suru/ hikkoshi shimasu.

(4) Watashi-tachi wa asatte made ni jumbi dekiru/ jumbi dekimasu.

(5) Jûgatsu jyûichi-nichi made ni furikonde/ furikonde kudasai.

(6) Gogo yo-ji made ni modotte kite/ modotte kite kudasai.

(7) Kono shorui wa getsuyôbi made ni modoshite/ modoshite kudasai.

みたい (mitai): like, similar to, resembling

Meaning:
-like; sort of; similar to; resembling

Formation:
Noun +（だった）みたい（だ）
Verb-casual + みたい（だ）
い adj + みたい（だ）
な adj +（だった）みたい（だ）

日本語 / にほんご / Japanese
(1) あなたは猫みたいだ　/　猫みたいです。
(2) 外はまるで夏みたいだ　/　夏みたいです。
(3) 私はまるで海の中にいるみたい　/　海の中にいるみたいです。
(4) その絵はまるで写真みたい　/　写真みたいです。
(5) このパソコンは壊れているみたいだ　/　壊れているみたいです。
(6) 彼みたいにスペイン語を上手に私は話したい　/　話したいです。

英語 / えいご / English
(1) You look like a cat!
(2) It's like summer outside.
(3) It is like I'm in the middle of the ocean.
(4) That painting looks just like a picture.

(5) It seems like this computer is broken.
(6) I want to speak Spanish as well as he does.

ひらがな / Hiragana
(1) あなたは　ねこみたいだ　/　ねこみたいです。
(2) そとは　まるで　なつみたいだ　/　なつみたいです。
(3) わたしは　まるで　うみのなかに　いるみたい　/　うみのなかにいるみたいです。
(4) そのえは　まるで　しゃしんみたい　/　しゃしんみたいです。
(5) このぱそこんは　こわれているみたいだ　/　こわれているみたいです。
(6) かれみたいに　すぺいんごを　じょうずに　わたしは　はなしたい　/　はなしたいです。

ローマ字　/ Roman letters
(1) Anata wa neko mitai da/ neko mitai desu.
(2) Soto wa marude natsu mitai da/ natsu mitai desu.
(3) Watashi wa marude umi no naka ni iru mitai/ umi no naka ni iru mitai desu.
(4) Sono e wa marude shashin mitai/ shashin mitai desu ne.
(5) Kono pasokon wa kowarete iru mitaida/ kowarete iru mitaidesu.
(6) Kare mitai ni Supeingo o jôzu ni watashi wa hanashitai/ hanashitaidesu.

みたいに / みたいな (mitai ni/mitai na): like, similar to

Meaning:
like, similar to

Formation:
Noun + みたいに + Verb/Adjective
Noun + みたいな + Noun
Verb-casual + みたいに + Verb/Adjective
Verb-casual + みたいな + Noun

日本語 / にほんご / Japanese
(1) 今日も蒸し風呂みたいに暑い　/　暑いです。
(2) その男はヤクザみたいな紫色のスーツを着ていた　/　着ていました。
(3) 彼の車は桜の花みたいなピンク色だった　/　ピンク色でした。
(4) 毎日、彼は修行僧みたいにスペイン語を練習している　/　練習しています。
(5) 私は彼みたいにスペイン語を喋れるようになりたい　/　なりたいです。
(6) 昨日、彼はウサギみたいに暗闇に逃げた　/　逃げました。
(7) 風はマストを折ろうとしているみたいに強く吹いていた　/　吹いていました。

ことばと表現 / Words & Expressions
蒸し風呂【むしぶろ】 sauna
蒸す 【むす】 to steam
ヤクザ 【やくざ】 gangsters
修行僧 【しゅぎょうそう】 practicing monks
暗闇 【くらやみ】 darkness
折る 【おる】 to break

英語 / えいご / English
(1) It's hot as a sauna again today.
(2) The man was wearing a purple suit like a gangster.
(3) His car was pink like a cherry blossom.
(4) Every day he practices Spanish like a practicing monk.
(5) I would like to be able to speak Spanish like him.
(6) Yesterday he ran away into the darkness like a rabbit.
(7) The wind was blowing strongly as if to bend the mast.

ひらがな / Hiragana
(1) きょうも　むしぶろ　みたいに　あつい　/　あついです。
(2) そのおとこは　みたいな　むらさきいろの　すーつ　を　きていた　/　きていました。
(3) かれの　くるまは　さくらの　はなみたいな　ぴんくいろだった　/　いんくいろでした。

(4) まいにち、かれは しゅぎょうそうみたいに すぺいんごを れんしゅうしている / れんしゅうしています。
(5) わたしは かれみたいに すぺいんごを しゃべれるように なりたい / なりたいです。
(6) きのう、かれは うさぎみたいに くらやみに にげた / にげました。
(7) かぜは ますとを おろうとしているみたいに つよくふいていた / ふいていました。

ローマ字 / Roman letters
(1) Kyô mo mushiburo mitai ni atsui/ atsuidesu.
(2) Sono otoko wa yakuza mitaina murasaki iro no sûtsu o kiteita/ kite imashita.
(3) Kare no kuruma wa sakura no hana mitaina pinku iro datta/ pinku iro deshita.
(4) Mainichi, kare wa shugyô sô mitai ni Supeingo o renshû shite iru/ renshû shite imasu.
(5) Watashi wa kare mitai ni Supeingo o shabereru yô ni naritai/ naritaidesu.
(6) Kinô, kare wa usagi mitai ni kurayami ni nigeta/ nigemashita.
(7) Kaze wa masuto o orô to shite iru mitai ni tsuyoku fuiteita/ fuiteimashita.

など (nado): such as, things like

Meaning:
such as, things like, the likes of

Formation:
Noun + など

日本語 / にほんご / Japanese
(1) 海外旅行には充電器や Wifi ルーターなどが必要だ / 必要です。
(2) 缶詰やヨーグルトなどの食品は機内への持ち込みが制限されている / 制限されています。
(3) 入国審査では、滞在期間や滞在目的などが質問される / 質問されます。
(4) 事前に空港から滞在ホテルまでの経路や交通機関などを確認したほうがいい / 確認したほうがいいです。
(5) 飴やガムなどを鞄に入れておくと実は便利だ / 便利です。
(6) 革製品や陶器づくりなど自分で体験できるものがお薦めだ / お薦めです。

ことばと表現 / Words & Expressions
海外【かいがい】abroad
充電器【じゅうでんき】charger
缶詰【かんづめ】canned food
機内へ【きないへ】into the aircraft
制限する【せいげんする】to restrict

入国審査【にゅうこくしんさ】immigration control
期間【きかん】period
経路【けいろ】route
革製品　【かわせいひん】　leather goods

英語 / えいご / English
(1) For traveling abroad, you need a charger and a Wifi router.
(2) Foods such as canned food and yogurt are restricted from being carried into the aircraft.
(3) In immigration control, questions such as the period of stay and the purpose of stay will be asked.
(4) You should check the route and transportation from the airport to your hotel in advance.
(5) It is actually handy for you to put candies and gums in your bag.
(6) I recommend you what you can experience by yourself like making leather goods or pottery.

ひらがな / Hiragana
(1) かいがいりょこうには じゅうでんきや わいふぁいるーたーなどが ひつようだ / ひつようです。
(2) かんずめや よーぐるとなどの しょくひんは きないへの もちこみが せいげんされている / せいげんされています。
(3) にゅうこくしんさでは、たいざいきかんや たいざい

もくてきなどが しつもんされる / しつもんされます。
(4) じぜんに くうこうから たいざいほてるまでの けいろ や こうつうきかんなどを かくにんしたほうがいい / かくにんしたほうがいいです。
(5) あめや がむなどを かばんに いれておくと じつは べんりだ / べんりです。
(6) かわせいひんや とうきづくりなど じぶんで たいけんできるものが おすすめだ / おすすめです。

ローマ字 / Roman letters
(1) Kaigai-ryokô ni wa jûden-ki ya Wifi rûtâ nado ga hitsuyô da/ hitsuyô desu.
(2) Kandzume ya yôguruto nado no shokuhin wa kinai e no mochikomi ga seigen sa rete iru/ seigen sa rete imasu.
(3) Nyûkoku shinsa dewa, taizai kikan ya taizai mokuteki nado ga shitsumon sa reru/ shitsumon sa remasu.
(4) Jizen ni kûkô kara taizai hoteru made no keiro ya kôtsû-kikan nado o kakunin shita hô ga î/ kakunin shita hô ga î desu.
(5) Ame ya gamu nado o kaban ni irete okuto jitsuwa benrida/ benridesu.
(6) Kawa seihin ya tôki-dzukuri nado jibun de taiken dekiru mono ga osusumeda/ osusumedesu.

ながら (nagara): while, during, as

Meaning: while; during; as

Formation:
Verb-stem + ながら

日本語 / にほんご / Japanese
(1) 歩きながら話そう　／　話しましょう。
(2) 私の父は楽しみながら演奏した　／　演奏しました。
(3) 彼は仕事をしながら大学へ行った　／　行きました。
(4) 私は彼女の顔を思い出しながらこの絵を描いた　／　描きました。
(5) 市長はメモを見ながら答弁した　／　答弁しました。
(6) 友達とコーヒーを飲みながら、高校時代の話をした　／　話をしました。
(7) 私は音楽を聞きながら、いつも最寄りの駅まで歩く　／　歩きます。

ことばと表現 / Words & Expressions
市長【しちょう】　mayor
答弁する　【とうべんする】　to answer
最寄りの　【もよりの】　the nearest

英語 / えいご / English

(1) Let's talk while walking.
(2) My father enjoyed performing music.
(3) While he worked, he went to the university.
(4) I drew this picture while remembering her face.
(5) The mayor gave an answer from his notes.
(6) I talked about high school days while drinking coffee with my friends.
(7) As I listen to music, I always walk to the nearest station.

ひらがな / Hiragana

(1) あるきながら　はなそう　/　はなしましょう。
(2) わたしの　ちちは　たのしみながら　えんそうした　/　えんそうしました。
(3) かれは　しごとを　しながら　だいがくへ　いった　/　いきました。
(4) わたしは　かのじょの　かおを　おもいだしながら　このえを　かいた　/　かきました。
(5) しちょうは　めもを　みながら　とうべんした　/　とうべんしました。
(6) ともだちと　こーひーをのみながら、こうこうじだいの　はなしをした　/　はなしをしました。
(7) わたしは　おんがくを　ききながら、いつも　もよりの　えきまで　あるく　/　あるきます。

ローマ字 / Roman letters

(1) Arukinagara hanasô/ hanashimashô.

(2) Watashi no chichi wa tanoshiminagara ensô shita/ ensô shimashita.

(3) Kare wa shigoto o shinagara daigaku e itta/ ikimashita.

(4) Watashi wa kanojo no kao o omoidashinagara kono e o kaita/ kakimashita.

(5) Shichô wa memo o minagara tôben shita/ tôben shimashita.

(6) Tomodachi to kôhî o nominagara, kôkô jidai no hanashi o shita/ hanashi o shimashita.

(7) Watashi wa ongaku o kikinagara, itsumo moyori no eki made aruku/ arukimasu.

ないで (naide): without doing, don't

Meaning:
without doing…; don't

Formation:
Verb- ない form + で

The difference between ないで and なくて : なくて is usually used to explain the reason why something happens, while ないで means without doing something.

日本語 / にほんご / Japanese
(1) 諦めないで　/　諦めないでください。
(2) せかさないで　/　せかさないでください。
(3) 気にしないで　/　気にしないでください。
(4) 私は何もしないで一年が過ぎた　/　過ぎました。
(5) 彼が宿題をしないで遊んでいるので彼の母親は怒った　/　怒りました。
(6) 私はまだ飽きないでテニスをしている　/　しています。
(7) 今週末、私は何もしないでのんびりしようと計画している　/　計画しています。

ことばと表現 / Words & Expressions
諦める【あきらめる】to give up
過ぎる【すぎる】 to pass
飽きる【あきる】to get tired of
のんびりする　to take it easy

英語 / えいご / English
(1) Don't give up!
(2) Don't push me.
(3) Forget it.
(4) The year passed without me doing anything.
(5) He is playing without doing his homework so his mother was mad.
(6) I am still playing tennis without getting tired of it.
(7) I plan to take it easy without doing anything this weekend.

ひらがな / Hiragana
(1) あきらめないで　／　あきらめないでください。
(2) せかさないで　／　せかさないでください。
(3) きにしないで　／　きにしないでください。
(4) わたしは なにもしないで いちねんが すぎた　／　すぎました。
(5) かれがしゅくだいをしないであそんでいるのでかれのははおやはおこった　／　おこりました。
(6) わたしは まだ あきないで てにすをしている　／　し

ています。
(7) こんしゅうまつ、わたしはなにもしないでのんびりしようとけいかくしている ／ けいかくしています。

ローマ字 / Roman letters

(1) Akiramenaide/ akirame naide kudasai.
(2) Sekasanaide/ sekasa naide kudasai.
(3) Kinishinaide/ kini shi naide kudasai.
(4) Watashi wa nanimo shi naide ichinen ga sugita/ sugimashita.
(5) Kare ga shukudai o shinaide asonde irunode kare no hahaoya wa okotta/ okorimashita.
(6) Watashi wa mada akinaide tenisu o shite iru/ shite imasu.
(7) Kon shûmatsu, watashi wa nani mo shi naide nonbiri shiyô to keikaku shite iru/ keikaku shite imasu.

なければいけない / なければならない (nakereba ikenai/nakereba naranai): must do, have to do

Meaning:
must do something; have to do something

Formation:
Verb- ない form (remove い) + ければならない

日本語 / にほんご / Japanese
(1) 私は1時間で宿題を終えなければならない / 終えなければなりません。
(2) あなたは10時前に戻らなければならない / 戻らなければなりません。
(3) 私は彼に感謝しなければならない / 感謝しなければなりません。
(4) 私たちは結果を出さなければならない / 出さなければなりません。
(5) 私は家賃を払わなければいけない / 払わなければいけません。
(6) 友達は助け合わなければいけない / 助け合わなければいけません。

ことばと表現 / Words & Expressions
結果を出す【けっかをだす】to put out results
家賃【やちん】rent
助け合う【たすけあう】to help one another

英語 / えいご / English
(1) I must finish my homework in an hour.
(2) You must be back before ten.
(3) I must be grateful toward him.
(4) We have to put out results.
(5) I have to pay rent.
(6) I am currently still playing tennis without getting tired of it.
(7) Friends should help one another.

ひらがな / Hiragana
(1) わたしは　いちじかんで　しゅくだいを　おえなければならない　/　おえなければなりません。
(2) あなたは　じゅうじまえに　もどらなければならない　/　もどらなければなりません。
(3) わたしは　かれに　かんしゃしなければならない　/　かんしゃしなければなりません。
(4) わたしたちは　けっかを　ださなければならない　/　ださなければなりません。
(5) わたしは　やちんを　はらわなければいけない　/　はらわなければいけません。

(6) ともだちは　たすけあわなければいけない　/　たすけあわなければいけません。

ローマ字　/ Roman letters

(1) Watashi wa ichi-jikan de shukudai o oenakereba naranai/ oenakereba narimasen.

(2) Anata wa jyû-ji mae ni modoranakereba naranai/ modoranakereba narimasen.

(3) Watashi wa kare ni kansha shinakereba naranai/ kansha shinakereba narimasen.

(4) Watashi-tachi wa kekka o dasanakereba naranai/ dasanakereba narimasen.

(5) Watashi wa yachin o harawanakereba ikenai/ harawanakereba ikemasen.

(6) Tomodachi wa tasuke awanakereba ikenai/ tasuke awanakereba ikemasen.

なくてはいけない / なくてはならない
(nakutewa ikenai/nakutewa naranai): must do, have to do

Meaning:
must do, have to do

Formation:
Verb- ない form （ーい）+ くてはいけない / くてはならない

日本語 / にほんご / Japanese
(1) 明日までに私はレポートを提出しなくてはいけない / 提出しなくてはいけません。
(2) 私はこのテストにどうしても受からなくてはいけない / 受からなくてはいけません。
(3) あなたにさようならを言わなくてはいけない / 言わなくてはいけません。
(4) 私たちは今度の試合に絶対に勝たなくてはならない / 勝たなくてはなりません。
(5) 明日、雨の場合、私たちは別の日程を組まなくてはならない / 組まなくてはなりません。
(6) そこへ行くには、私たちはせまい通路を抜けなくてはならない / 抜けなくてはなりません。

ことばと表現 / Words & Expressions
どうしても　no matter what
試合【しあい】match
通路【つうろ】passage
抜ける【ぬける】to pass through

英語 / えいご / English
(1) I must hand in the report by tomorrow.
(2) I must pass this exam, no matter what.
(3) I have to say goodbye to you.
(4) We must win this match at all costs.
(5) In case it rains tomorrow, we should make another arrangement.
(6) To reach that place, we'll have to pass through tight passages.

ひらがな / Hiragana
(1) あすまでに　わたしは　れぽーとを　ていしゅつしなくてはいけない　/　ていしゅつしなくてはいけません。
(2) わたしは　このてすとに　どうしても　うからなくてはいけない　/　うからなくてはいけません。
(3) あなたに　さようならを　いわなくてはいけない　/　いわなくてはいけません。
(4) わたしたちは　こんどの　しあいに　ぜったいに　かたなくてはならない　/　かたなくてはなりません。
(5) あした、あめの　ばあい、わたしたちは　べつの　にっていを　くまなくてはならない　/　くまなくてはなりません。

(6) そこへ いくには、わたしたちは せまい つうろを ぬけなくてはならない ／ ぬけなくてはなりません。

ローマ字 / Roman letters

(1) Ashita made ni watashi wa repôto o teishutsu shinakute wa ikenai/ teishutsu shinakute wa ikemasen.
(2) Watashi wa kono tesuto ni dôshitemo ukaranakute wa ikenai/ ukaranakute wa ikemasen.
(3) Anata ni sayonara o iwanakute wa ikenai/ iwanakute wa ikemasen.
(4) Watashi-tachi wa kondo no shiai ni zettai ni katanakute wa naranai/ katanakute wa narimasen.
(5) Ashita, ame no bâi, watashi-tachi wa betsu no nittei o kumanakute wa naranai/ kumanakute wa narimasen.
(6) Soko e iku ni wa, watashi-tachi wa semai tsûro o nukenakute wa naranai/ nukenakute wa narimasen.

なくてもいい (nakute mo ii): don't have to

Meaning:
don't have to

Formation:
Verb- ない form (remove い) + くて（も）いい
Noun + じゃなくて（も）いい
い adjective (remove い) + くて（も）いい
な adjective + じゃなくて（も）いい

日本語 / にほんご / Japanese
(1) あなたは入院しなくていい　/　入院しなくていいです。
(2) もうこの問題について、あなたは心配しなくていい　/　心配しなくていいです。
(3) あなたはこの本を戻さなくていい　/　戻さなくていいです。
(4) もし君が行きたくなければ、そこへ行かなくてもいい　/　行かなくてもいいです。
(5) 彼は必ずしもその会議に出席しなくてもいい　/　出席しなくてもいいです。
(6) それは実施してもしなくてもいい　/　実施しなくてもいいです。

ことばと表現 / Words & Expressions
心配する【しんぱいする】to worry
実施する【じっしする】 to put into practice

英語 / えいご / English
(1) You don't have to stay in the hospital.
(2) You don't need to worry about this anymore.
(3) You don't have to return this book.
(4) You need not go there if you don't want to go.
(5) He doesn't necessarily have to attend that meeting.
(6) It doesn't matter whether or not that is put into practice or not.

ひらがな / Hiragana
(1) あなたは にゅういん しなくていい / にゅういんしなくていいです。
(2) もう このもんだいについて、あなたは しんぱいしなくていい / しんぱいしなくていいです。
(3) あなたは このほんを もどさなくていい / もどさなくていいです。
(4) もしきみが いきたくなければ、そこへ いかなくてもいい / いかなくてもいいです。
(5) かれは かならずしも そのかいぎに しゅっせきしなくてもいい / しゅっせきしなくてもいいです。
(6) それは じっし しても しなくてもいい / じっししなくてもいいです。

ローマ字 / Roman letters

(1) Anata wa nyûin shinakute î / nyûin shinakute î desu.

(2) Mô kono mondai ni tsuite, anata wa shimpai shinakute î/ shimpai shinakute î desu.

(3) Anata wa kono hon o modosanakute î/ modosanakute î desu.

(4) Moshi kimi ga ikitakunakereba, soko e ikanakute mo î / ikanakute mo îdesu.

(5) Kare wa kanarazushimo sono kaigi ni shusseki shinakute mo î/ shusseki shinakute mo î desu.

(6) Sore wa jisshi shite mo shinakute mo î/ jisshi shinakute mo î desu.

なら (nara) / if, in case, as for

Meaning:
if; in case; if it is the case that; as for

Formation:
Verb-casual + なら
Noun + なら
い adj + なら
な adj + なら

日本語 / にほんご / Japanese
(1) 明日、雨なら私は洗濯をしない / 洗濯をしません。
(2) あなたが行くなら、私も行く / 行きます。
(3) もし必要なら、私はそれを買う / 買います。
(4) 大学院に進むなら、この本を読みなさい / 読んでください。
(5) そういう事情なら，私は来週まで待つ / 待ちます。
(6) 成功したいなら、あなたは数多くの危険を冒さねばならない / 冒さねばなりません。

ことばと表現 / Words & Expressions
大学院【だいがくいん】graduate school
事情【じじょう】the situation
危険を冒す【きけんをおかす】take risk
数多く【かずおおく】a lot of

英語 / えいご / English

(1) I won't do the laundry tomorrow if it rains.

(2) If you are going, I'll go too.

(3) I'll buy it if necessary.

(4) If you're going to go to graduate school, read this book.

(5) If that is the case, I'll wait until next week.

(6) If you want to succeed, you have to take a lot of risks.

ひらがな / Hiragana

(1) あした、あめなら わたしは せんたくをしない / せんたくをしません。

(2) あなたが いくなら、わたしも いく / いきます。

(3) もし ひつようなら、わたしは それをかう / かいます。

(4) だいがくいんにすすむなら、このほんを よみなさい / よんでください。

(5) そういう じじょうなら、わたしは らいしゅうまで まつ / まちます。

(6) せいこうしたいなら、あなたは かずおおくの きけんを おかさねばならない / おかさねばなりません。

ローマ字 / Roman letters

(1) Ashita, ame nara watashi wa sentaku o shinai/ sentaku o shimasen.

(2) Anata ga iku nara, watashi mo iku/ ikimasu.

(3) Moshi hitsuyô nara, watashi wa sore o kau/ kaimasu.

(4) Daigaku-in ni susumu nara, kono-hon o yomi nasai/ yondekudasai.

(5) Sôiu jijô nara, watashi wa raishu made matsu/ machimasu.

(6) Seikô shitai nara, anata wa kazu ôku no kiken o okasaneba naranai/ okasaneba narimasen.

なさい (nasai) / (command/order somebody to do something)

Meaning:
do… (command)

Formation:
Verb-stem + なさい

日本語 / にほんご / Japanese
(1) よく聞きなさい　/　聞いてください。
(2) 目を閉じなさい　/　閉じてください。
(3) 靴を脱ぎなさい　/　脱いでください。
(4) メモを取りなさい　/　取ってください。
(5) 電源を入れなさい　/　入れてください。
(6) 3つ目の角を右に曲がりなさい　/　曲がってください。

ことばと表現 / Words & Expressions
靴【くつ】shoes
メモを取る【めもをとる】 to make notes
電源【でんげん】 power
曲がる【まがる】 to turn

英語 / えいご / English

(1) Listen carefully.

(2) Close your eyes.

(3) Take off your shoes.

(4) You should make notes.

(5) Turn on the power.

(6) Turn right at the third corner.

ひらがな / Hiragana

(1) よくききなさい　/　きいてください。
(2) めをとじなさい　/　とじてください。
(3) くつをぬぎなさい　/　ぬいでください。
(4) めもをとりなさい　/　とってください。
(5) でんげんをいれなさい　/　いれてください。
(6) みっつめのかどをみぎにまがりなさい　/　まがってください。

ローマ字　/ Roman letters

(1) Yoku kiki nasai/ kîte kudasai.

(2) Me o toji nasai/ tojite kudasai.

(3) Kutsu o nugi nasai/ nuide kudasai.

(4) Memo o tori nasai/ totte kudasai.

(5) Dengen o ire nasai/ irete kudasai.

(6) Mittsu-me no kado o migi ni magari nasai/ magatte kudasai.

なさる (nasaru)/to do (honorific)

Meaning:
to do (the polite form of する)

You use なさる to say that someone else do something.

Formation:
する => なさる

日本語 / にほんご / Japanese
(1) ご注文なさいますか。
(2) お飲み物はどうなさいますか。
(3) デザートは何になさいますか。
(4) お支払いはどのようになさいますか。
(5) 盛装なさる必要はありません。
(6) いつまで滞在なさいますか。
(7) 徹夜でお仕事をなさったんですか。

ことばと表現 / Words & Expressions
盛装する【せいそう】to dress up
滞在する【たいざいする】to stay
徹夜で仕事する【てつやでしごとする】to work all night

英語 / えいご / English
(1) Would you like to order?
(2) Would you like something to drink?
(3) What would you like for dessert?
(4) How would you like to pay?
(5) You don't have to dress up.
(6) How long will you be staying here?
(7) Have you been working all night?

ひらがな / Hiragana
(1) ごちゅうもん なさいますか。
(2) おのみものは どうなさいますか。
(3) でざーとは なにになさいますか。
(4) おしはらいは どのようになさいますか。
(5) せいそう なさる ひつようは ありません。
(6) いつまで たいざいなさいますか。
(7) てつやで おしごとを なさったんですか。

ローマ字 / Roman letters
(1) Go chûmon nasaimasuka.
(2) O nomimono wa dô nasaimasuka.
(3) Dezâto wa nani ni nasaimasuka.
(4) O shiharai wa dono yô ni nasaimasuka.
(5) Seisô nasaru hitsuyô wa arimasen.
(6) Itsu made taizai nasaimasu ka.
(7) Tetsuya de oshigoto o nasattandesuka.

に気がつく (ni ki ga tsuku) / to notice, to realize

Meaning:
to notice; to realize

Formation:
Verb-casual + ことに気がつく
Noun + に気がつく

日本語 / にほんご / Japanese
(1) 彼はそれに間もなく気がつくだろう / 気がつくでしょう。
(2) ついに彼は自分の誤りに気がついた / 気がつきました。
(3) 姉は私に気がつかなかった / 気がつきませんでした。
(4) 彼が酔っていることに気がついた / 気がつきました。
(5) 私はそれに気がつくことができなかった / できませんでした。
(6) 彼女は財布を落としたことに気がつかなかった / 気がつきませんでした。
(7) ケイトが見知らぬ男の子と歩いていることに、クリスは気づいた / 気づきました。

ことばと表現 / Words & Expressions
酔っている【よっている】being drunk
財布【さいふ】wallet
見知らぬ【みしらぬ】strange

英語 / えいご / English

(1) He will probably realize that soon.

(2) At last, he realized his mistakes.

(3) My sister didn't notice me.

(4) I noticed that he was drunk.

(5) I wasn't able to notice that.

(6) She did not notice that she had dropped the wallet.

(7) Chris noticed Kate walking with a strange boy.

ひらがな / Hiragana

(1) かれは それに まもなく きがつくだろう / きがつくでしょう。

(2) ついに かれは じぶんの あやまりに きがついた / きがつきました。

(3) あねは わたしに きがつかなかった / きがつきませんでした。

(4) かれが よっていることに きがついた / きがつきました。

(5) わたしは それに きがつくことができなかった / できませんでした。

(6) かのじょは さいふを おとしたことに きがつかなかった / きがつきませんでした。

(7) けいとが みしらぬ おとこのこと あるいていることに、くりすは きづいた / きづきました。

ローマ字 / Roman letters

(1) Kare wa sore ni mamonaku kigatsukudarô/ kigatsukudeshô.

(2) Tsuini kare wa jibun no ayamari ni kigatsuita/ kigatsukimashita.

(3) Ane wa watashi ni kigatsukanakatta/ kigatsukimasendeshita.

(4) Kare ga yotte iru koto ni kigatsuita/ kigatsukimashita.

(5) Watashi wa sore ni kigatsuku koto ga dekinakatta/ dekimasendeshita.

(6) Kanojo wa saifu o otoshita koto ni kigatsukanakatta/ kigatsukimasendeshita.

(7) Keito ga mishiranu otoko no ko to aruite iru koto ni, Kurisu wa kidzuita/ kidzukimashita.

にくい (nikui) / difficult to, hard to

Meaning:
difficult to…; hard to…; not readily

Formation:
Verb-stem + にくい

日本語 / にほんご / Japanese
(1) この小説は理解しにくい / 理解しにくいです。
(2) その薬は飲みにくい / 飲みにくいです。
(3) あの社長は近寄りにくい / 近寄りにくいです。
(4) それは表現しにくいですね / 表現しにくいですね。
(5) その長い文章は覚えにくい / 覚えにくいです。
(6) ニューヨークは物価が高くて、住みにくい / 住みにくいです。

ことばと表現 / Words & Expressions
小説【しょうせつ】novel
飲む【のむ】to swallow
表現する【ひょうげんする】to express
覚える【おぼえる】to remember

英語 / えいご / English
(1) This novel is difficult to understand.
(2) The medicine is hard to swallow.
(3) That president is difficult of approach.
(4) That's hard to say.

(5) I wasn't able to notice that.
(6) The long sentence is hard to remember.
(7) Prices in New York are high so it's not easy to live there.

ひらがな / Hiragana
(1) この しょうせつは りかいしにくい / りかいしにくいです。
(2) その くすりは のみにくい / のみにくいです。
(3) あの しゃちょうは ちかよりにくい / ちかよりにくいです。
(4) それは ひょうげんしにくいですね / ひょうげんしにくいですね。
(5) その ながい ぶんしょうは おぼえにくい / おぼえにくいです。
(6) にゅーよーくは ぶっかが たかくて、すみにくい / すみにくいです。

ローマ字 / Roman letters
(1) Kono shôsetsu wa rikai shi nikui/ rikai shi nikuidesu.
(2) Sono kusuri wa nomi nikui/ nomi nikuidesu.
(3) Ano shacho wa chikayori nikui/ chikayori nikuidesu.
(4) Sore wa hyôgen shi nikuidesu ne/ hyôgen shi nikuidesu ne.
(5) Sono nagai bunshô wa oboe nikui/ oboe nikuidesu.
(6) Nyû Yôku wa bukka ga takakute, sumi nikui/ sumi nikuidesu.

にみえる (ni mieru): to look, to seem, to appear

Meaning:
to look; to seem; to appear

Formation:
Verb-て form + 見える
Verb-casual, non-past + ように見える
い adj（ーい）+ く見える
な adj + に見える
Noun +（のよう）に見える

日本語 / にほんご / Japanese
(1) あなたは疲れて見える / 見えます。
(2) あなたは忙しく見える / 見えます。
(3) 彼女はお化粧のせいで若く見える / 見えます。
(4) 彼女は上品に見える / 見えます。
(5) 彼は少し腹を立てているように見えた / 見えました。
(6) あなたの猫はのんびりとくつろいでいるように見える / 見えます。

ことばと表現 / Words & Expressions
化粧【けしょう】makeup
せいで because of
上品な【じょうひんな】distinguished
腹を立てる【はらをたてる】to get angry
くつろぐ【くつろぐ】to get cozy, to get settled

英語 / えいご / English

(1) You look tired.

(2) You look busy.

(3) She looks young because of her makeup.

(4) She looks distinguished.

(5) He seemed a little upset.

(6) Your cat looks comfortably accommodated.

ひらがな / Hiragana

(1) あなたは つかれてみえる / みえます。
(2) あなたは いそがしくみえる / みえます。
(3) かのじょは おけしょうのせいで わかくみえる / みえます。
(4) かのじょは じょうひんに みえる / みえます。
(5) かれは すこし はらをたてているようにみえた / みえました。
(6) あなたの ねこは のんびりと くつろいでいるようにみえる / みえます。

ローマ字 / Roman letters

(1) Anata wa tsukarete mieru/ miemasu.

(2) Anata wa isogashiku mieru/ miemasu.

(3) Kanojo wa okeshô no sei de wakakumieru/ miemasu.

(4) Kanojo wa jôhin ni mieru/ miemasu.

(5) Kare wa sukoshi hara o tatete iru yô ni mieta/ miemashita.

(6) Anata no neko wa nonbiri to kutsuroide iru yô ni mieru/ miemasu.

のなかで (no naka de)/in, among

Meaning:
in; among

Formation:
Noun + の中で

日本語 / にほんご / Japanese
(1) わたしは闇の中で目を閉じた / 閉じました。
(2) 私は船の中で寝た / 寝ました。
(3) 猫は彼の腕の中で暴れた / 暴れました。
(4) 春は１年の中で一番素敵な季節だ / 季節です。
(5) これは電車の中で読むのによい本だ / 本です。
(6) 動物の中で馬が最も好きだ / 好きです。

ことばと表現 / Words & Expressions
闇【やみ】dark
閉じる【とじる】to close
腕【うで】arm
暴れる【あばれる】to struggle
季節【きせつ】season

英語 / えいご / English

(1) I closed my eyes in the dark.

(2) I slept aboard the ship.

(3) The cat struggled in his arms.

(4) Spring is the most wonderful season in a year.

(5) This is a good book to read on the train.

(6) I like a horse best among animals.

ひらがな / Hiragana

(1) わたしは やみのなかで めをとじた / とじました。

(2) わたしは ふねのなかで ねた / ねました。

(3) ねこは かれの うでの中で あばれた / あばれました。

(4) はるは いちねんのなかで いちばん すてきな きせつだ / きせつです。

(5) これは でんしゃの なかで よむのに よいほんだ / ほんです。

(6) どうぶつのなかで うまが もっともすきだ / すきです。

ローマ字 / Roman letters

(1) Watashi wa yami no nakade me o tojita/ tojimashita.

(2) Watashi wa fune no naka de neta/ nemashita.

(3) Neko wa kare no ude no naka de abareta/ abaremashita.

(4) Haru wa ichi-nen no naka de ichiban sutekina kisetsu da/ kisetsu desu.

(5) Kore wa densha no naka de yomu no ni yoi honda/ hondesu.

(6) Dôbutsu no naka de uma ga mottomo sukida/ sukidesu.

のに (noni)-1: in order to

Meaning:
in order to

Formation:
Verb-dictionary form + のに

日本語 / にほんご / Japanese
(1) 私は会社へ行くのに１時間かかる　／　かかります。
(2) 彼女は料理を作るのに２時間かかる　／　かかります。
(3) 私は新宿へ行くのに地下鉄に乗った　／　乗りました。
(4) 私の叔父は本を読むのに眼鏡がいる　／　いります。
(5) それを切るのに私はナイフが必要だ　／　必要です。
(6) このウェブサイトは新しい単語の意味を調べるのに便利だ　／　便利です。

ことばと表現 / Words & Expressions
眼鏡【メガネ】glasses
要る【いる】to need
単語【たんご】 word

英語 / えいご / English
(1) It takes 1 hour for me to commute to work.
(2) It takes two hours for her to make the food.
(3) I took the subway to get to Shinjuku.
(4) My uncle glasses for reading.
(5) I want a knife to cut it with.
(6) This website is useful to look up new words.

ひらがな / Hiragana
(1) わたしは　かいしゃへ　いくのに　いちじかんかかる　/　かかります。
(2) かのじょは　りょうりを　つくるの　ににじかんかかる　/　かかります。
(3) わたしは　しんじゅくへ　いくのに　ちかてつに　のった　/　のりました。
(4) わたしの　おじは　ほんを　よむのに　めがねがいる　/　います。
(5) それを　きるのに　わたしは　ないふが　ひつようだ　/　ひつようです。
(6) このうぇぶさいとは　あたらしい　たんごの　いみを　しらべるのに　べんりだ　/　べんりです。

ローマ字 / Roman letters

(1) Watashi wa kaisha e iku no ni ichi-jikan kakari ru/ kakarimasu.

(2) Kanojo wa ryôri o tsukuru no ni ni-jikan kakaru/ kakarimasu.

(3) Watashi wa Shinjuku e iku no ni chikatetsu ni notta/ norimashita.

(4) Watashi no oji wa hon o yomu no ni megane ga iru/ irimasu.

(5) Sore o kiru no ni watashi wa naifu ga hitsuyôda/ hitsuyô na ndesu.

(6) Kono webusaito wa atarashi tango no imi o shiraberu no ni benrida/ benridesu.

のに (noni)—2: although, in spite of, even though

Meaning:
although; in spite of; even though

Formation:
Verb-casual + のに

Noun + なのに

い adj + のに

な adj + なのに

日本語 / にほんご / Japanese
(1) 彼は一人暮らしなのに働いてない　/　働いていません。
(2) 彼は金持ちなのに、幸せでない　/　幸せではありません。
(3) 私は明日引っ越しなのに準備がまだ終わっていない　/　終わっていません。
(4) 課長は病気なのに、仕事をしている　/　しています。
(5) 私はあなたを避けていたはずなのに、あなたに会いたい　/　会いたいです。
(6) 僕は冗談で言ったつもりなのに彼はまじめにとった　/　まじめにとりました。

ことばと表現 / Words & Expressions
一人暮らし【ひとりぐらし】to live alone
冗談で【じょうだんで】for a joke
まじめに【まじめに】　seriously

英語 / えいご / English

(1) He lives alone but doesn't work.
(2) For all his riches he is not happy.
(3) Even though I am moving tomorrow, I haven't finished preparing yet.
(4) Even though our section chief is sick, he's still working.
(5) I was supposed to be avoiding you, but I want to see you.
(6) He took seriously what I meant for a joke.

ひらがな / Hiragana

(1) かれは　ひとり　ぐらしなのに　はたらいてない　/ はたらいていません。
(2) かれは　かねもちなのに、しあわせでない　/　しあわせでは　ありません。
(3) わたしは　あした　ひっこしなのに　じゅんびが　まだおわっていない　/　おわってはいません。
(4) かちょうは　びょうきなのに、しごとを　している　/　しています。
(5) わたしは　あなたを　さけていたはずなのに、あなたに　あいたい　/　あいたいです。
(6) ぼくは　じょうだんで　いったつもりなのに　かれはまじめに　とった　/　まじめにとりました。

ローマ字 / Roman letters

(1) Kare wa hitori-gurashi nanoni hatarai tenai/ hataraite imasen.

(2) Kare wa kanemochi nanoni, shiawasedenai/ shiawasede wa arimasen.

(3) Watashi wa ashita hikkoshi nanoni junbi ga mada owatte inai/ owatte wa imasen.

(4) Kachô wa byôki nanoni, shigoto o shite iru/ shite imasu.

(5) Watashi wa anata o sakete ita hazu nanoni, anata ni aitai/ aitaidesu.

(6) Boku wa jôdan de itta tsumori nanoni kare wa majime ni totta/ majime ni torimashita.

のように / のような (no you ni/no you na): like, similar to

Meaning:
like; similar to

Formation:
Noun + のように / のような

日本語 / にほんご / Japanese
(1) 父のように、私はとても短気だ ／ 短期です。
(2) 猿のように彼は木登りする ／ 木登りします。
(3) あなたのように私は若くない ／ 若くないです。
(4) 人生はいわば航海のようなものだ ／ 航海のようなものです。
(5) 今日は秋のような天気だ ／ 天気です。
(6) 私は彼女のような人になりたい ／ なりたいです。

ことばと表現 / Words & Expressions
短気【たんき】impatient
猿【さる】monkey
言わば【いわば】as it were、so to speak、so to speak、as we say
航海【こうかい】 voyage

英語 / えいご / English

(1) I am very impatient, like my father.

(2) He climbs trees like a monkey.

(3) I'm not young like you.

(4) Life is like a voyage.

(5) The weather is like autumn today.

(6) I want to become someone like her.

ひらがな / Hiragana

(1) ちちのように、わたしは とても たんきだ / たんきです。

(2) さるのようにかれは きのぼりする / きのぼりします。

(3) あなたのように わたしは わかくない / わかくないです。

(4) じんせいは いわば こうかいの ようなものだ / こうかいの ようなものです。

(5) きょうはあきのような てんきだ / てんきです。

(6) わたしは かのじょのような ひとになりたい / なりたいです。

ローマ字 / Roman letters

(1) Chichi no yô ni, watashi wa totemo tanki da/ tanki desu.

(2) Saru no yô ni kare wa ki nobori suru/ ki nobori shimasu.

(3) Anata no yô ni watashi wa wakakunai/ wakakunaidesu.

(4) Jinsei wa iwaba kôkai no yôna mono da/ kôkai no yôna mono desu.

(5) Kyô wa aki no yôna tenki da/ tenki desu.

(6) Watashi wa kanojo no yôna hito ni naritai/ naritaidesu.

お〜ください (o~kudasai): please do (honorific)

Meaning:
please do (honorific)

Formation:
お + Verb-stem + ください

日本語 / にほんご / Japanese
(1) ここでお待ちください。
(2) 私にお返事ください。
(3) おかけください。
(4) お入りください。
(5) 私たちにお知らせください。
(6) ここにお名前をお書きください。
(7) それらの靴をお試しください。

ことばと表現 / Words & Expressions
靴【くつ】shoe

英語 / えいご / English
(1) Please wait here.
(2) Please give me a reply.
(3) Please sit yourself down.
(4) Please come right in.

(5) Please let us know.

(6) Please write your name here.

(7) Please give these shoes a try.

ひらがな / Hiragana
(1) ここで　おまちください。

(2) わたしに　おへんじください。

(3) おかけください。

(4) おはいりください。

(5) わたしたちに　おしらせください。

(6) ここに　おなまえを　おかきください。

(7) それらの　くつを　おためしください。

ローマ字 / Roman letters
(1) Koko de omachi kudasai.

(2) Watashi ni o henji kudasai.

(3) O-kake kudasai.

(4) O-hairi kudasai.

(5) Watashi-tachi ni oshirase kudasai.

(6) Koko ni o-namae o o-kaki kudasai.

(7) Sorera no kutsu o o-tameshi kudasai.

お〜になる (o ni naru) "to do something (honorific)"

Meaning:
to do something (honorific)

Formation:
お + Verb-stem + になる

日本語 / にほんご / Japanese
(1) 田中部長は受付で待ちます / お待ちになります。
(2) 加藤社長はその言葉の意味を英語の辞書で調べます / お調べになります。
(3) 松井課長はお客様に手紙を書きます / お書きになります。
(4) スミス氏はその日、会社を休みます / お休みになります。
(5) キム先生は何時に起きましたか / お起きになりましたか。

英語 / えいご / English
(1)Tanaka Manager waits at the reception desk.
(2)President Kato looks up the meaning of the word in her English dictionary.
(3)Mr. Matsui (section manager) writes a letter to the customer.
(4)Mr.Smith will take a day off on the day.
(5)What time did Ms. Kim get up?

ひらがな / Hiragana

(1) たなかぶちょうは うけつけで まちます / おまちに なります。

(2) かとうしゃちょうは そのことばのいみを えいごのじしょで しらべます / おしらべに なります。

(3) まついかちょうは おきゃくさまに てがみを かきます / おかきに なります。

(4) すみすしは そのひ、かいしゃを やすみます / おやすみになります。

(5) きむせんせいは なんじに おきましたか / おおきに なりましたか。

ローマ字 / Roman letters

(1) Tanaka buchô wa uketsuke de machimasu/ o-machi ni narimasu.

(2) Katô shachô wa sono kotoba no imi o Eigo no jisho de shirabemasu/ o-shirabe ni narimasu.

(3) Matsui kachô wa o-kyaku-sama ni tegami o kakimasu/ o-kaki ni narimasu.

(4) Sumisu-shi wa sono hi, kaisha o yasumimasu/ o-yasumi ni narimasu.

(5) Kimu sensei wa nanji ni okimashita ka/ o-oki ni narimashita ka.

おきに (oki ni): repeated at intervals, every

Meaning:
repeated at intervals; every

Formation:
Noun + おきに

日本語 / にほんご / Japanese
(1) 私は１日おきに買い物に行く　／　行きます。
(2) 彼は１日おきに釣りに行く　／　行きます。
(3) 私は六時間おきに体温を測った　／　測りました。
(4) その会議は二年おきに開かれる　／　開かれます。
(5) ４時間おきにこの薬を飲みなさい　／　飲んでください。
(6) 父は一日おきに東京にある彼のオフィスに行く　／　行きます。

ことばと表現 / Words & Expressions
体温を測る【たいおんをはかる】take one's temperature

英語 / えいご / English
(1) I go shopping every other day.
(2) Every other day he goes fishing.
(3) I took my temperature every six hours.
(4) The conference is held every two years.
(5) Take this medicine every four hours.
(6) Father goes to his office in Tokyo every other day.

ひらがな / Hiragana

(1) わたしは いちにちおきに かいものに いく / いきます。

(2) かれは いちにちおきに つりにいく / いきます。

(3) わたしは ろくじかんおきに たいおんを はかった / はかりました。

(4) そのかいぎは にねんおきに ひらかれる / ひらかれます。

(5) よじかんおきに このくすりを のみなさい / のんでください。

(6) ちちは いちにちおきに とうきょうにある かれの おふぃすにいく / いきます。

ローマ字 / Roman letters

(1) Watashi wa ichi-nichi-oki ni kaimono ni iku/ ikimasu.

(2) Kare wa ichi-nichi-oki ni tsuri ni iku/ ikimasu.

(3) Watashi wa roku-jikan-oki ni taion o hakatta/ hakarimashita.

(4) Sono kaigi wa ni-nen-oki ni hiraka reru/ hiraka remasu.

(5) Yo-jikan oki ni kono kusuri o nomi nasai/ nonde kudasai.

(6) Chichi wa ichi-nichi-oki ni Tôkyô ni aru kare no ofisu ni iku/ ikimasu.

おわる (owaru): to finish, to end

Meaning:
to finish…; to end

Formation:
Verb-stem + 終わる

日本語 / にほんご / Japanese
(1) 私はクッキーを作り終わった　/　作り終わりました。
(2) 彼女はトランクを詰め終わった　/　詰め終わりました。
(3) 彼女は午前中に３キロ泳ぎ終わった　/　泳ぎ終わりました。
(4) 昨日、私は手紙を書き終わった　/　書き終わりました。
(5) 三週間前に、私はその小説を読み終わった　/　読み終わりました。
(6) 聞き終わった時、彼は愕然としていた　/　愕然としていました。
(7) コーヒーが飲み終わったら、少し散歩しよう　/　散歩しましょう。

ことばと表現 / Words & Expressions
詰める【つめる】to pack
愕然とする【がくぜんとする】to be shocked, thunderstruck

英語 / えいご / English

(1) I finished making cookies.

(2) She finished packing her trunk.

(3) She finished swimming 3 kilometers in the morning.

(4) Yesterday, I finished writing a letter.

(5) Three weeks ago, I finished reading the novel.

(6) He looked thunderstruck when he'd finished listening.

(7) Let's walk a little after we finish drinking coffee.

ひらがな / Hiragana

(1) わたしは くっきーを つくりおわった / つくりおわりました。

(2) かのじょは とらんくを つめおわった / つめおわりました。

(3) かのじょは ごぜんちゅうに さんきろおよぎおわった / およぎおわりました。

(4) きのう、わたしは てがみを かきおわった / かきおわりました。

(5) さんしゅうかんまえに、わたしは そのしょうせつを よみおわった / よみおわりました。

(6) ききおわったとき、かれは がくぜんとしていた / がくぜんとしていました。

(7) こーひーが のみおわったら、すこし さんぽしよう / さんぽしましょう。

ローマ字　/ Roman letters

(1) Watashi wa kukkî o tsukuri owatta/ tsukuri owarimashita.

(2) Kanojo wa toranku o tsume owatta/ tsume owarimashita.

(3) Kanojo wa gozen-chû ni san-kiro oyogi owatta/ oyogi owarimashita.

(4) Kinô, watashi wa tegami o kaki owatta/ kaki owarimashita.

(5) San-shûkan mae ni, watashi wa sono shôsetsu o yomi owatta/ yomi owarimashita.

(6) Kiki owatta toki, kare wa gakuzen to shite ita/ gakuzen to shite imashita.

(7) Kôhî ga nomi owattara, sukoshi sampo shiyô/ sampo shimashô.

られる (rareru) 1: to be able to do something

Meaning:
be able to do something

Formation:
Verb-stem + られる

日本語 / にほんご / Japanese
(1) そこにあるリンゴはすべて食べられる / 食べられます。
(2) 弟は明日 10 時にここに来られる / 来られます。
(3) 私の街の図書館では、マンガも借りられる / 借りられます。
(4) 私たちはなんとかその困難を乗り越えられた / 乗り越えられました。
(5) その日、忙しすぎて、私は昼ご飯を食べられなかった / 食べられませんでした。
(6) その試験に合格したことを私は信じられなかった / 信じられませんでした。

ことばと表現 / Words & Expressions
借りる【かりる】to borrow
なんとか to manage
合格する【ごうかくする】to pass

英語 / えいご / English

(1) You can eat any apples there.

(2) My brother can come here at ten o'clock tomorrow.

(3) You can also borrow manga at the library in my town.

(4) We managed to overcome that difficulty.

(5) On that day, I was too busy, I could not eat lunch.

(6) I could not believe that I passed the exam.

ひらがな / Hiragana

(1) そこにある りんごは すべて たべられる / たべられます。

(2) おとうとは あした じゅうじに ここに こられる / こられます。

(3) わたしの まちの としょかんでは、まんがも かりられる / かりられます。

(4) わたしたちは なんとか そのこんなんを のりこえられた / のりこえられました。

(5) そのひ、いそがししすぎて、わたしは ひるごはんを たべられなかった / たべられませんでした。

(6) そのしけんに ごうかくしたことを わたしは しんじられなかった / しんじられませんでした。

ローマ字 / Roman letters

(1) Soko ni aru ringo wa subete tabe rareru/ tabe raremasu.

(2) Otôto wa ashita jyû-ji ni koko ni ko rareru/ ko raremasu.

(3) Watashi no machi no toshokande wa, manga mo karirareru/ kari raremasu.

(4) Watashi-tachi wa nantoka sono kon'nan o norikoe rareta/ norikoe raremashita.

(5) Sono hi, isogashi sugite, watashi wa hiru gohan o tabe rarenakatta/ tabe raremasendeshita.

(6) Sono shiken ni gôkaku shita koto o watashi wa shinji rarenakatta/ shinji raremasendeshita.

られる (rareru) 2: (passive voice)

Meaning:
passive voice

Formation:
られる (= rareru)・れる (= reru)

Group 2 verb (ru-verb) → られる (= rareru)

Group 1 verb (u-verb) → れる (= reru)

Irregular　する (= suru) = to do
↓
される (= sareru) to be done

日本語 / にほんご / Japanese
(1) シマウマはライオンに食べられる　/　食べられます。
(2) 私はナオミに日本語をほめられた　/　ほめられました。
(3) その棚は父によって作られた　/　作られました。
(4) これらの写真はノボルによって撮られた　/　撮られました。
(5) 私は主任に彼の仕事を頼まれる　/　頼まれます。
(6) オーストラリアでは英語が話される　/　話されます。
(7) この小説は村上春樹によって書かれた　/　書かれました。

ことばと表現 / Words & Expressions
ほめる to praise
棚【たな】shelf
写真を撮る【しゃしんをとる】to take a picture

英語 / えいご / English

(1) A zebra is eaten by a lion.

(2) I was praised for Japanese by Naomi.

(3) That shelf was made by my father.

(4) These pictures were taken by Noboru.

(5) I am asked to do his work the chief.

(6) English is spoken in Australia.

(7) This novel was written by Haruki Murakami.

ひらがな / Hiragana

(1) しまうまは　らいおんに　たべられる　/　たべられます。
(2) わたしは　なおみに　にほんごを　ほめられた　/　ほめられました。
(3) そのたなは　ちちによって　つくられた　/　つくられました。
(4) これらの　しゃしんは　のぼるによって　とられた　/　とられました。
(5) わたしは　しゅにんに　かれの　しごとを　たのまれる　/　たのまれます。
(6) おーすとらりあでは　えいごが　はなされる　/　はなされます。
(7) このしょうせつは　むらかみはるきによって　かかれた　/　かかれました。

ローマ字 / Roman letters

(1) Shimauma wa raion ni taberareru/ tabe raremasu.

(2) Watashi wa Naomi ni Nihongo o home rareta/ home raremashita.

(3) Sono tana wa chichi ni yotte tsukura reta/ tsukura remashita.

(4) Korera no shashin wa Noboru ni yotte tora reta/ tora remashita.

(5) Watashi wa shunin ni kare no shigoto o tanoma reru/ tanoma remasu.

(6) Ôsutorariade wa Eigo ga hanasa reru/ hanasa remasu.

(7) Kono shôsetsu wa Murakami Haruki ni yotte kaka reta/ kaka remashita.

らしい (rashii): seems like

Meaning:
seems like; I heard that; it appears that

Formation:
Verb-casual + らしい

Noun + らしい / だったらしい

い adj + らしい / い adj- た form + らしい

な adj + らしい / だったらしい

日本語 / にほんご / Japanese
(1) 午後は雨らしい / 雨らしいです。
(2) 明日は、いい天気らしい / 天気らしいです。
(3) 彼は道に迷ったらしい / 迷ったらしいです。
(4) 彼は失敗したらしい / 失敗したらしいです。
(5) 彼がついに目を覚ましたらしい / 覚ましたらしいです。
(6) 彼は自分の言ったことが正しいと信じているらしい / 信じているらしいです。

ことばと表現 / Words & Expressions
迷う【まよう】get lost
正しい【ただしい】right

英語 / えいご / English

(1) It looks like rain this afternoon.

(2) I heard that it will be sunny tomorrow.

(3) It seems he got lost.

(4) It seems that he has failed.

(5) He appears to have woken up at last.

(6) It seems that he believes what he said is right.

ひらがな / Hiragana

(1) ごごは あめらしい / あめ らしいです。

(2) あしたは、いい てんき らしい / てんき らしいです。

(3) かれは みちに まよった らしい / まよった らしいです。

(4) かれは しっぱいした らしい / しっぱいした らしいです。

(5) かれが ついに めをさました らしい / さました らしいです。

(6) かれは じぶんの いったことが ただしいと しんじて いる らしい / しんじている らしいです。

ローマ字 / Roman letters

(1) Gogo wa amerashî/ amerashî desu.

(2) Ashita wa, î tenkirashî / tenkirashî desu.

(3) Kare wa michi ni mayottarashî/ mayottarashî desu.

(4) Kare wa shippai-shitarashî/ shippai-shitarashî desu.

(5) Kare ga tsuini me o samashitarashî/ samashitarashî desu.

(6) Kare wa jibun no itta koto ga tadashî to shinjite irurashî/ shinjite irurashî desu.

さ (sa): (nominalizer for adjectives)

Meaning:
nominalizer for adjectives

You attach さ to an adjective to turn it into a Noun.

The sa-form allows to use an i-adjective as a noun or in other words to add ~ness to it.

Formation:
い adj (ーい) + さ
な adj + さ

日本語 / にほんご / Japanese
(1) その本の重さは1kgだ / 1kgです。
(2) 今年の暑さは普通ではない / 普通ではありません。
(3) 私はかわいさでは誰にも負けない / 負けません。
(4) 私は日本のお寺の美しさが好きだ / 好きです。
(5) 私は使いやすさで、この携帯を選んだ / 選びました。
(6) 機内に持ち込めるバッグの重さと大きさを知りたい / 知りたいです。

ことばと表現 / Words & Expressions
使いやすさ【つかいやすさ】user-friendliness
機内に持ち込めるバッグ【きないにもちこめるバッグ】
carry-on bag

英語 / えいご / English
(1) The weight of the book is 1 kilogram.

(2) This year's heat is not normal.

(3) Nobody can beat my "cuteness"

(4) I like the beauty of Japanese temples.

(5) I chose this cell phone by the user-friendliness.

(6) I would like to know the weight and the size of the carry-on bags.

ひらがな / Hiragana
(1) そのほんの おもさは いちきろぐらむだ / いちきろぐらむです。

(2) ことしの あつさは ふつうではない / ふつうではありません。

(3) わたしは かわいさでは だれにも まけない / まけません。

(4) わたしは にほんの おてらの うつくしさが すきだ / すきです。

(5) わたしは つかいやすさで、このけいたいを えらんだ / えらびました。

(6) きないに もちこめる の おもさと おおきさを しりたい / しりたいです。

ローマ字 / Roman letters

(1) Sono hon no omo-sa wa ichi kiro guramu da/ ichi kiro guramu desu.

(2) Kotoshi no atsusa wa futsû dewanai/ futsûde wa arimasen.

(3) Watashi wa kawai-sa dewa darenimo makenai/ makemasen.

(4) Watashi wa Nihon no otera no utsukushi-sa ga sukida / sukidesu.

(5) Watashi wa tsukai yasuisa de, kono keitai o eranda/ erabimashita.

(6) Kinai ni mochi komeru baggu no omo-sa to ôki-sa o shiritai/ shiritaidesu.

させる (saseru): to make/let somebody do something

Meaning:
make somebody do something (causative)

Rules for causative form conjugation

For ru-verbs: Replace the last 「る」 with 「させる」.

Example
食べる＋させる＝食べさせる
出る＋させる＝出させる
For u-verbs: Change the last character as you would for negative verbs but attach 「せる」 instead of 「ない」.

Example

飲む＋ま＋せる＝飲ませる
待つ＋た＋せる＝持たせる
買う＋わ＋せる＝買わせる

Exceptions:
する → させる
くる → こさせる

日本語 / にほんご / Japanese
(1) わたしは息子を買い物に行かせる / 行かせます。
(2) その部長は、よく長時間働かせる / 働かせます。
(3) 今日は仕事を休ませてください。/ 休ませてくださいますか。
(4) マックスはマギーを泣かせた。 / 泣かせました。
(5) 先生が学生に宿題をたくさんさせた。/ させました。
(6) 母はわたしに自分の部屋を片付けさせた / 片付けさせました。

英語 / えいご / English
(1)I make my son go shopping.
(2)That manager often makes (people) work long hours.
(3)Please let me rest from work today. (Please let me take the day off today.)
(4)Max made Maggie cry.
(5)A teacher made students do lots of homework.
(6)My mom made me clean my room.

ひらがな / Hiragana

(1) わたしは　むすこを　かいものに　いかせる / いかせます。

(2) そのぶちょうはよくちょうじかんはたらかせる / はたらかせます。

(3) きょうはしごとをやすませてください / やすませてくださいますか。

(4) まっくすはまぎーをなかせた / なかせました。

(5) せんせいががくせいにしゅくだいをたくさんさせた / させました。

(6) ははは　わたしに　じぶんのへやを　かたづけさせた / かたづけさせました。

ローマ字 / Roman letters

(1) Watashi wa musuko o kaimono ni ikaseru/ ika semasu.

(2) Sono buchô wa, yoku chôjikan hatarakaseru/ hatarakasemasu.

(3) Kyô wa shigoto o yasuma sete kudasai. / yasuma sete kudasaimasu ka.

(4) Makkusu wa magî o naka seta. / nakasemashita.

(5) Sensei ga gakusei ni shukudai o takusan sa seta. / sa semashita.

(6) Haha wa watashi ni jibun no heya o katazuke saseta/ katazuke sasemashita.

させられる (saserareru): to be made to do something

Meaning:
X is made/will be made to [do] (by someone) (passive causative)

日本語 / にほんご / Japanese
(1) 娘は高校を退学させられた / 退学させられました。
(2) 父は仕事を辞めさせられた / 辞めさせられました。
(3) 私は毎日母に野菜を食べさせられる / 食べさせられます。
(4) 私はいつも母に家を掃除させられる / 掃除させられます。
(5) 私はいつも彼にびっくりさせられる / びっくりさせられます。
(6) 私は先週二時間残業させられた / 残業させられました。

ことばと表現 / Words & Expressions
辞める【やめる】to quit

英語 / えいご / English
(1) My daughter was expelled from high school.
(2) My dad was forced to quit his job.
(3) My mom makes me eat vegetables every day.
(4) My mom always makes me clean the house.
(5) I'm always surprised by him.
(6) I was forced to work overtime with additional two hours last week.

ひらがな / Hiragana

(1) むすめは こうこうを たいがくさせられた / たいがくさせられました。

(2) ちちは しごとを やめさせられた / やめさせられました。

(3) わたしは まいにち ははに やさいを たべさせられる / たべさせられます。

(4) わたしは いつも ははに いえを そうじ させられる / そうじさせられます。

(5) わたしは いつも かれに びっくりさせられる / びっくりさせられます。

(6) わたしは せんしゅう にじかん ざんぎょうさせられた / ざんぎょうさせられました。

ローマ字 / Roman letters

(1) Musume wa kôkô o taigaku sa se rareta/ taigaku sa se raremashita.

(2) Chichi wa shigoto o yame sase rareta/ yame sase raremashita.

(3) Watashi wa mainichi haha ni yasai o tabe sase rareru.

(4) Watashi wa itsumo haha ni ie o sôji sa se rareru/ sôji sa se raremasu.

(5) Watashi wa itsumo kare ni bikkuri sa se rareru/ bikkuri sa se raremasu.

(6) Watashi wa senshû ni-jikan zangyô sa se rareta/ zangyô sa se raremashita.

さすが (sasuga): as one would expect

Meaning:
as one would expect; even; as is to be expected

Formation:
さすがの + Noun
さすがに + Verb

日本語 / にほんご / Japanese
(1) さすがの判事も吹き出した　/　吹き出しました。
(2) さすがのナポレオンでもヨーロッパを支配することはできなかった　/　できませんでした。
(3) 私はさすがに夏バテした　/　夏バテしました。
(4) 彼はさすがに驚きを隠せなかった　/　隠せませんでした。
(5) さすがに偉大な学者だけあって、彼はその問いに簡単に答えた　/　答えました。
(6) さすがに大都市だけあって、いい本屋がたくさんある　/　たくさんあります。

ことばと表現 / Words & Expressions
判事【はんじ】judge
夏バテ【なつばて】summer fatigue
支配する【しはいする】to rule
隠す【かくす】to hide

偉大な【いだいな】great
学者【がくしゃ】scholar

英語 / えいご / English
(1) The judge himself burst out laughing.
(2) Even Napoleon could not rule over Europe.
(3) As expected, I got summer fatigue.
(4) He really couldn't hide his surprise.
(5) Like the great scholar that he was, he answered the question easily.
(6) As you'd expect of a big city, there are lots of good bookstores.

ひらがな / Hiragana
(1) さすがの はんじも ふきだした ／ ふきだしました。
(2) さすがのなぽれおんでも よーろっぱを しはいすることはできなかった ／ できませんでした。
(3) わたしは さすがに なつばてした ／ なつばてしました。
(4) かれは さすがに おどろきを かくせなかった ／ かくせませんでした。
(5) さすがに いだいな がくしゃ だけあって、かれは そのといに かんたんに こたえた ／ こたえました。
(6) さすがに だいとし だけあって、いい ほんやが たくさんある ／ たくさんあります。

ローマ字 / Roman letters

(1) Sasuga no hanji mo fukidashita/ fukidashimashita.

(2) Sasuga no Naporeon demo yôroppa o shihai suru koto wa dekinakatta/ dekimasendeshita.

(3) Watashi wa sasuga ni natsubate shita/ natsubate shimashita.

(4) Kare wa sasuga ni odoroki o kakusenakatta/ kakusemasendeshita.

(5) Sasuga ni idaina gakusha dake atte, kare wa sono toi ni kantan ni kotaeta/ kotaemashita.

(6) Sasuga ni daitoshi dake atte, î hon'ya ga takusan aru/ takusan arimasu.

し (shi)   "and "

Meaning:
and

You use ~ し to list reasons for multiple states and actions.

Formation:
Verb-casual + し
い adj + し
な adj + だし
Noun + だし

日本語 / にほんご / Japanese
(1) あの絵は美しいし、この絵もまた美しい / 美しいです。
(2) 今日、私は少し熱があるし、頭が痛いので早退する / 早退します。
(3) 私は疲れているし、眠いので、そのセミナーには出席しない / 出席しません。
(4) このコートはデザインがいいし、暖かいので私は購入する / 購入します。
(5) 鈴木さんは親切だし、仕事もできるし、信頼できる人物だ / 人物です。
(6) いろいろな人に会えるし、日本語を話す機会もあるし、そのパーティーは出席する価値がある / 価値があります。

英語 / えいご / English
(1) That painting is beautiful, and so is this one.
(2) Today, I have a slight fever and headache so I will leave early.
(3) I am tired and sleepy so I will not attend the seminar.
(4) This coat is good in design and warm, so I will buy it.
(5) Since Mr. Suzuki is kind and good at his job, he is a reliable person.
(6) Since we can meet a variety of people and have opportunities to speak Japanese, that party is worth attending.

ひらがな / Hiragana
(1) あのえは うつくしいし、このえも また うつくしい / うつくしいです。
(2) きょう、わたしは すこし ねつがあるし、あたまが いたいので そうたいする / そうたいします。
(3) わたしは つかれているし、ねむいので、そのせみなーには しゅっせきしない / しゅっせきしません。
(4) このこーとは でざいんが いいし、あたたかいので わたしは こうにゅうする / こうにゅうします。
(5) すずきさんは しんせつだし、しごともできるし、しんらいできる じんぶつだ / じんぶつです。
(6) いろいろな ひとに あえるし、にほんごを はなす きかいも あるし、そのぱーてぃーは しゅっせきする かちがある / かちがあります。

ローマ字 / Roman letters

(1) Ano e wa utsukushîshi, kono e mo mata utsukushî/ utsukushîdesu.

(2) Kyô, watashi wa sukoshi netsu ga arushi, atama ga itai node sôtai suru/ sôtai shimasu.

(3) Watashi wa tsukarete irushi, nemui node, sono seminâ ni wa shusseki shinai/ shusseki shimasen.

(4) Kono kôto wa dezain ga îshi, atatakai node watashi wa kônyû suru/ kônyû shimasu.

(5) Suzuki-san wa shinsetsu dashi, shigoto mo dekirushi, shinraidekiru jinbutsu da/ jinbutsu desu.

(6) Iroirona hito ni aerushi, Nihongo o hanasu kikai mo arushi, sono pâtî wa shusseki suru kachi ga aru/ kachi ga arimasu.

しか〜ない (shika~nai): only; nothing but

Meaning:
only; nothing but

Formation:
Noun + しか + Verb- ない form

日本語 / にほんご / Japanese
(1) ナオミは15冊しか本を持っていない / 持っていません。
(2) 私は4時間しか寝なかった / 寝ませんでした。
(3) 彼女はスペイン語しか話さない / 話しません。
(4) 私は日本語しか話さない / 話しません。
(5) 彼は自分しか信じない / 信じません。
(6) 私は年に1回しか京都に帰らない / 帰りません。
(7) 人は経験からしか学ばない / 学びません。

ことばと表現 / Words & Expressions
年に1回【ねんに いっかい】once a year

英語 / えいご / English
(1) Naomi has only 15 books.
(2) I slept only four hours.
(3) She only speaks Spanish.
(4) I only speak Japanese.
(5) He only believes in himself.
(6) I return to Kyoto only once a year.
(7) Man learns from experience alone.

ひらがな / Hiragana

(1) なおみは じゅうごさつしか ほんを もっていない / もっていません。

(2) わたしは よじかんしか ねなかった / ねませんでした。

(3) かのじょは すぺいんごしか はなさない / はなしません。

(4) わたしは にほんごしか はなさない / はなしません。

(5) かれは じぶんしか しんじない / しんじません。

(6) わたしは ねんに いっかいしか きょうとに かえらない / かえりません。

(7) ひとは けいけんからしか まなばない / まなびません。

ローマ字 / Roman letters

(1) Naomi wa jyû-go-satsu shika hon o motteinai/ motte imasen.

(2) Watashi wa yo-jikan shika nenakatta/ nema sen deshita.

(3) Kanojo wa Supeingo shika hanasanai/ hanashimasen.

(4) Watashi wa Nihongo shika hanasanai/ hanashimasen.

(5) Kare wa jibun shika shinjinai/ shinjimasen.

(6) Watashi wa nen ni ikkai shika Kyôto ni kaeranai/ kaerimasen.

(7) Hito wa keiken kara shika manabanai/ manabimasen.

そんなに (sonna ni): so, so much, like that

Meaning:
so much; so; like that

Formation:
そんなに + Verb / adj

日本語 / にほんご / Japanese
(1) あなたはそんなに怖がる必要はない ／ 必要はありません。
(2) あなたはそんなに急いで行く必要はない ／ 必要はありません。
(3) 僕は野菜がそんなに好きではない ／ 好きではありません。
(4) 僕はそんなに近いとは知らなかった ／ 知りませんでした。
(5) そんなに急ぐな ／ 急がないでください。
(6) そんなに悲観的になるな ／ 悲観的にならないでください。
(7) 日本語はそんなに難しくない ／ 難しくありません。

ことばと表現 / Words & Expressions
悲観的になる【ひかんてきになる】to be so pessimistic

英語 / えいご / English

(1) You don't have to be afraid of things like that.

(2) You don't need to go in such a hurry.

(3) I don't like vegetable that much.

(4) I didn't know it was that close.

(5) Don't be in such a hurry!

(6) Don't be so pessimistic.

(7) Japanese is not that difficult.

ひらがな / Hiragana

(1) あなたは　そんなに　こわがる　ひつようはない　/ ひつようはありません。

(2) あなたは　そんなに　いそいでいく　ひつようはない　/　ひつようはありません。

(3) ぼくは やさいが そんなに すきではない / すきではありません。

(4) ぼくは　そんなにちかいとは　しらなかった　/　しりませんでした。

(5) そんなに　いそぐな　/　いそがないでください。

(6) そんなに　ひかんてきに　なるな　/　ひかんてきに　ならないでください。

(7) にほんごは そんなに むずかしくない / むずかしくありません。

ローマ字　/ Roman letters

(1) Anata wa son'nani kowagaru hitsuyô wa nai/ hitsuyô wa arimasen.

(2) Anata wa son'nani isoide iku hitsuyô wa nai/ hitsuyô wa arimasen.

(3) Boku wa yasai ga son'nani sukide wanai/ sukide wa arimasen.

(4) Boku wa son'nani chikai to wa shiranakatta/ shirimasendeshita.

(5) Son'nani isogu na/ isoganaide kudasai.

(6) Son'nani hikan-teki ni naru na/ hikan-teki ni naranaide kudasai.

(7) Nihongo wa son'nani muzukashikunai/ muzukashiku arimasen.

それでも (sore demo): but still, and yet

Meaning:
but still; and yet; even so

Formation:
Phrase 1 + それでも + Phrase 2

日本語 / にほんご / Japanese
(1) 雨が激しく降っている。それでも私は行かなければならない。
(2) 彼に欠点はあるが、それでも私は彼が好きだ．
(3) 彼は短気だが、それでも私は彼が好きだ
(4) 彼は多忙だったが、それでも私たちを手伝いに来てくれた。
(5) 食べ物はひどかった。それでも私は文句を言わなかった。
(6) 皆は反対したが、それでもやはり彼らは結婚した。

ことばと表現 / Words & Expressions
短気【たんき】short - tempered
多忙【たぼう】busy
文句を言う【もんくをいう】to complain

英語 / えいご / English

(1) It raining hard and yet I must go.

(2) He has his faults. Still, I love him.

(3) He is short - tempered. Even so, I like him.

(4) He was busy, and yet he came to help us.

(5) The food was terrible -all the same I didn't complain.

(6) Everyone opposed it, but they got married all the same.

ひらがな / Hiragana

(1) あめが はげしく ふっている。それでも わたしは いかなければならない。
(2) かれに けってんは あるが, それでも わたしは かれが すきだ。
(3) かれは たんきだが、それでも わたしは かれが すきだ
(4) かれは たぼうだったが、それでも わたしたちを てつだいに きてくれた。
(5) たべものは ひどかった。それでも わたしは もんくを いわなかった。
(6) みんなは はんたいしたが、それでも やはり かれらは けっこんした。

ローマ字 / Roman letters

(1) Ame ga hageshiku futte iru. Soredemo watashi wa ikanakereba naranai.

(2) Kare ni ketten wa aru ga, soredemo watashi wa kare ga sukida.

(3) Kare wa tanki daga, soredemo watashi wa kare ga sukida.

(4) kare wa tabô datta ga, soredemo watashi-tachi o tetsudai ni kite kureta.

(5) Tabemono wa hidokatta. Soredemo watashi wa monku o iwanakatta.

(6) Min'na wa hantai shitaga, soredemo yahari karera wa kekkon shita.

そうだ (sou da) - 2: look like, appear, seem

Meaning:
look like; appear; seem; feel like

Formation:
Verb- ます stem + そうだ
い adjective (remove い) + そうだ
な adjective + そうだ

***Exception: よい => よさそう

日本語 / にほんご / Japanese
(1) 午後は晴れそうだ / 晴れそうです。
(2) この問題は、難しそうだ / 難しそうです。
(3) 君は退屈そうだ / 退屈そうです。
(4) 彼は体調が悪そうだ / 悪そうです。
(5) 彼が勝ちそうだ / 勝ちそうです。
(6) それは痛そうだ / 痛そうです。
(7) 長い一日になりそうだ / なりそうです。

ことばと表現 / Words & Expressions
退屈な【たいくつな】bored
体調が悪い【たいちょうがわるい】out of shape
痛い【いたい】painful

英語 / えいご / English

(1) It looks like clearing this afternoon.

(2) This problem seems difficult.

(3) You look bored.

(4) He looks out of shape.

(5) He looks like winning.

(6) That looks painful.

(7) It's going to be a long day.

ひらがな / Hiragana

(1) ごごは はれそうだ / はれそうです。

(2) このもんだいは、むずかしそうだ / むずかしそうです。

(3) きみは たいくつそうだ / たいくつそうです。

(4) かれは たいちょうが わるそうだ / わるそうです。

(5) かれが かちそうだ / かちそうです。

(6) それは いたそうだ / いたそうです。

(7) ながい いちにちに なりそうだ / なりそうです。

ローマ字 / Roman letters

(1) Gogo wa hare sôda/ hare sôdesu.

(2) Kono mondai wa, muzukashi sôda/ muzukashi sôdesu.

(3) Kimi wa taikutsu sôda/ taikutsu sôdesu.

(4) Kare wa taichô ga waru sôda/ waru sôdesu.

(5) Kare ga kachi sôda/ kachi sôdesu.

(6) Sore wa ita sôda/ ita sôdesu.

(7) Nagai ichi-nichi ni nari sôda/ nari sôdesu.

そうだ (sou da) -1: I heard that, it is said that

Meaning:
people say that; it is said that; I heard that

Formation:
Verb-casual + そうだ
Noun + だそうだ
い adj + そうだ
な adj + だそうだ

日本語 / にほんご / Japanese
(1) あの人気グループが解散するそうだ / 解散するそうです。
(2) あの映画は面白いそうだ / 面白いそうです。
(3) あの古い家には幽霊がでるそうだ / でるそうです。
(4) あの翻訳は原文に忠実だそうだ / 忠実だそうです。
(5) テレビの天気予報によると、あしたは大雨が降るそうだ / 降るそうです。
(6) 先生の話によると、山田さんはもう日本へ帰ったそうだ / 帰ったそうです。

ことばと表現 / Words & Expressions
解散する【かいさんする】to disband
幽霊がでる【ゆうれいがでる】to be haunted
原文【げんぶん】original sentences
忠実【ちゅうじつ】true, faithful

英語 / えいご / English

(1) I hear that popular group will be disbanded.

(2) They say that the movie is an interesting one.

(3) They say that old house is haunted.

(4) That translation is said to be true to the original.

(5) According to the TV weather forecast, we will have heavy rain tomorrow

(6) According to our teacher, Yamada already returned to Japan.

ひらがな / Hiragana

(1) あの にんきぐるーぷが かいさんするそうだ / かいさんするそうです。

(2) あの えいがは おもしろいそうだ / おもしろいそうです。

(3) あの ふるい いえには ゆうれいがでるそうだ / でるそうです。

(4) あの ほんやくは げんぶんに ちゅうじつだそうだ / ちゅうじつだそうです。

(5) てれびの てんきよほうに よると、あしたは おおあめが ふるそうだ / ふるそうです。

(6) せんせいの はなしによると、やまださんは もうにほんへ かえったそうだ / かえったそうです。

ローマ字 / Roman letters

(1) Ano ninki gurûpu ga kaisan suru sôda/ kaisan suru sôdesu.

(2) Ano eiga wa omoshiroi sôda/ omoshiroi sôdesu.

(3) Ano furui ie ni wa yûrei ga deru sôda/ deru sôdesu.

(4) Ano hon'yaku wa genbun ni chûjitsuda sôda/ chûjitsu da sôdesu.

(5) Terebi no tenki yohô ni yoru to, ashita wa ô ame ga furu sôda/ furu sôdesu.

(6) Sensei no hanashi ni yoru to, Yamada-san wa mô Nihon e kaetta sôda/ kaetta sôdesu.

たばかり (ta bakari): just did, something just happened

Meaning:
just finished; something just ended/occurred

Formation:
Verb-casual, past + ばかり

日本語 / にほんご / Japanese
(1) 私は日本に来たばかりだ　/　来たばかりです。
(2) 私は起きたばかりだ　/　起きたばかりです。
(3) 私は先生と話をしてきたばかりだ　/　話をしてきたばかりです。
(4) 彼は、今朝ここに着いたばかりだ　/　着いたばかりです。
(5) あの二人は結婚したばかりだ　/　結婚したばかりです。
(6) 入社したばかりなのに、毎日とても忙しい　/　忙しいです。

ことばと表現 / Words & Expressions
忙しい【いそがしい】busy

英語 / えいご / English

(1) I have just come to Japan.

(2) I just woke up.

(3) I just talked to my teacher.

(4) He arrived here only this morning.

(5) Those two just got married.

(6) Though I just entered the company I am very busy every day.

ひらがな / Hiragana

(1) わたしは にほんに きたばかりだ / きたばかりです。

(2) わたしは おきたばかりだ / おきたばかりです。

(3) わたしは せんせいと はなしを してきたばかりだ / はなしをしてきたばかりです。

(4) かれは、けさ ここに ついたばかりだ / ついたばかりです。

(5) あのふたりは けっこんしたばかりだ / けっこんしたばかりです。

(6) にゅうしゃしたばかりなのに、まいにち とてもいそがしい / いそがしいです。

ローマ字 / Roman letters

(1) Watashi wa Nihon ni kita bakarida / kita bakaridesu.

(2) Watashi wa okita bakarida / okita bakaridesu.

(3) Watashi wa sensei to hanashi o shite kita bakarida / hanashi o shite kita bakaridesu.

(4) Kare wa, kesa koko ni tsuita bakarida / tsuita bakaridesu.

(5) Ano futari wa kekkon shita bakarida / kekkon shita bakaridesu.

(6) Nyûsha shita bakari nanoni, mainichi totemo isogashî / isogashîdesu.

たがる (tagaru): to want to

Meaning:
want to
You use たがる to say that someone other than you want to do something.

Formation:
Verb- ます stem + たがる / たがっている

日本語 / にほんご / Japanese
(1) 彼はだれでも喜ばせたがる / 喜ばせたがります。
(2) 人類は貪欲に知りたがるものだ / 知りたがるものです。
(3) 子どもは大人のようにふるまいたがる / ふるまいたがります。
(4) 賢い子供は人生や現実について知りたがる / 知りたがります。
(5) 政府はマスメディアを統制したがる / 統制したがります。
(6) 役人は権威を乱用したがる / 乱用したがります。

ことばと表現 / Words & Expressions
喜ばせる【よろこばせる】to please
貪欲に【どんよくに】insatiably
ふるまう【ふるまう】to act
政府【せいふ】government

統制する【とうせいする】to control
政府【せいふ】government
役人【やくにん】government officials [Bureaucrats]
権威【けんい】authority
乱用する【らんようする】to abuse

英語 / えいご / English
(1) He is anxious to please everybody.
(2) Man is insatiably curious.
(3) Children want to act like grown-ups.
(4) A bright child is curious about life and reality.
(5) The government tends to control the mass media.
(6) Government officials [Bureaucrats] are apt to abuse their authority.

ひらがな / Hiragana
(1) かれは だれでも よろこばせたがる / よろこばせたがります。
(2) じんるいは どんよくに しりたがるものだ / しりたがるものです。
(3) こどもは おとなのように ふるまいたがる / ふるまいたがります。
(4) かしこい こどもは じんせいや げんじつについて しりたがる / しりたがります。

(5) せいふは ますめでぃあを とうせいしたがる / とうせいしたがります。

(6) やくにんは けんいを らんようしたがる / らんようしたがります。

ローマ字 / Roman letters

(1) Kare wa dare demo yorokobase tagaru/ yorokobase ta gari masu.

(2) Jinrui wa don'yoku ni shiri tagaru monoda/ shiri tagaru monodesu.

(3) Kodomo wa otona no yô ni furumai tagaru/ furumai tagari masu.

(4) Kashikoi kodomo wa jinsei ya genjitsu ni tsuite shiri tagaru/ shiri tagari masu.

(5) Seifu wa masu-media o tôsei shi tagaru/ tôsei shi tagari masu.

(6) Yakunin wa ken'i o ran'yô shi tagaru/ ran'yô shi tagari masu.

たら (tara): if, after, when

Meaning:
if… then; after; when

Formation:
Verb-casual, past + ら
Noun + だったら
い adj- た form + ら
な adj + だったら

日本語 / にほんご / Japanese
(1) もしあなたがカナダへ来たら、ぜひ私に連絡して / 連絡してください。
(2) 追加情報があったらいつでも私に連絡して / 連絡してください。
(3) この小説を読んだら、あなたはこの作家が好きになる / 好きになります。
(4) この試験に合格したら、あなたは一人前の弁護士になる / 弁護士になります。
(5) 100万円を獲得したら、あなたはどうする / どうしますか。
(6) 私たちが50冊以上注文したら、値引きしてくれる / 値引きしてくれますか。

ことばと表現 / Words & Expressions
追加情報【ついかじょうほう】more information
いつでも anytime
小説【しょうせつ】novel
作家【さっか】author
一人前の【いちにんまえの】full-fledged
弁護士【べんごし】lawyer
注文する【ちゅうもんする】to place an order
値引きする【ねびきする】to reduce the price

英語 / えいご / English
(1) If you come to Canada, please contact me.
(2) Please call me anytime with more information.
(3) If you read this novel, you'll fall in love with the author.
(4) If you pass this exam, you'll be a full-fledged lawyer.
(5) If you won a million yen, what would you do?
(6) If we place an order for more than 50 books, might you reduce the price?

ひらがな / Hiragana
(1) もし あなたが かなだへ きたら、ぜひ わたしに れんらくして / れんらくしてください。
(2) ついか じょうほうが あったら いつでも わたしに れんらくして / れんらくしてください。

(3) このしょうせつを よんだら、あなたは このさっかが すきになる / すきになります。

(4) このしけんに ごうかくしたら、あなたは いちにんまえの べんごしになる / べんごしになります。

(5) ひゃくまんえんをかくとくしたら、あなたはどうする / どうしますか。

(6) わたしたちが ごじゅっさついじょう ちゅうもんしたら、ねびきしてくれる / ねびきしてくれますか。

ローマ字 / Roman letters

(1) Moshi anata ga Kanada e kitara, zehi watashi ni renraku shite/ renraku shite kudasai.

(2) Tsuika jôhô ga attara itsu demo watashi ni renraku shite/ renraku shite kudasai.

(3) Kono shôsetsu o yondara, anata wa kono sakka ga suki ni naru/ suki ni narimasu.

(4) Kono shiken ni gôkaku shitara, anata wa ichi-nin-mae no bengoshi ni naru/ bengoshi ni narimasu.

(5) Hyaku-man-en o kakutoku shitara, anata wa dô suru/ dô shimasu ka?

(6) Watashi-tachi ga gojyussatsu ijô chûmon shitara, nebiki shite kureru/ nebiki shite kuremasu ka?

たらどう (tara dou): why don't you

Meaning:
why don't you…

You use たらどうですか to advise somebody to do something

Formation:
Verb-casual, past + たらどう（ですか）

日本語 / にほんご / Japanese
(1) 彼に電話したらどう　 /　どうですか。
(2) それはネットで調べたらどう　/　どうですか。
(3) 今日は早退したらどう　/　どうですか。
(4) 通訳の仕事に応募したらどう　/　どうですか。
(5) 先生に助言を求めてみたらどう　/　どうですか。
(6) 弁護士に相談したらどう　/　どうですか。

英語 / えいご / English
(1) Why don't you call him up?
(2) Why don't you look it up on the Internet?
(3) Why don't you go home early today?
(4) Why don't you apply for the job of an interpreter?
(5) Why don't you ask your teacher for advice?
(6) Why do not you consult a lawyer?

ひらがな / Hiragana

(1) かれに でんわしたらどう / どうですか。
(2) それは ねっとで しらべたらどう / どうですか。
(3) きょうは そうたいしたらどう / どうですか。
(4) つうやくの しごとに おうぼしたらどう / どうですか。
(5) せんせいに じょげんを もとめてみたらどう / どうですか。
(6) べんごしに そうだんしたらどう / どうですか。

ローマ字 / Roman letters

(1) Kare ni denwa shitara dô/ dô desuka.
(2) Sore wa netto de shirabetara dô/ dô desuka.
(3) Kyô wa sôtai shitara dô/ dô desuka.
(4) Tsûyaku no shigoto ni ôbo shitara dô/ dô desuka.
(5) Sensei ni jogen o motomete mitara dô/ dô desuka.
(6) Bengoshi ni sôdan shitara dô/ dô desuka.

たり〜たり (tari~tari): do such things like

Meaning:
do such things like

Formation:
Verb-casual, past + り ~ verb-casual, past + り + する
Noun + だったり ~ Noun + だったり
い adj（ーい）+ かったり ~ い adj（ーい）+ かったり
な adj + だったり ~ な adj + だったり

日本語 / にほんご / Japanese
(1) 週末、私は図書館で本を読んだり勉強したりする　/ 勉強したりします。
(2) 雨が降ったり雪が降ったりすると、私はいつもブーツを履く　/　履きます。
(3) 最近は日本で働いたり勉強したりする外国人が多くなった　/　多くなりました。
(4) 私の趣味は絵を描いたり歌ったり音楽を聴いたりすること　/　聴いたりすることです。
(5) 私は文化の違いで混乱したり驚いたり怒ったりしたことがある　/　怒ったりしたことがあります。
(6) 笑ったり泣いたり食べたり、私はたくさんの時間をあなたと共有したい　/　共有したいです。

ことばと表現 / Words & Expressions
ブーツを履く【ぶーつをはく】to wear boots
違い【ちがい】difference
共有する【きょうゆうする】to share

英語 / えいご / English
(1) I read books and study at the library on weekends.
(2) I always wear boots when it rains or snows.
(3) Recently the number of foreigners working or studying in Japan has increased.
(4) My hobbies are drawing pictures, singing and listening to music
(5) I have gotten confused, shocked and angry over cultural differences.
(6) I want to spend a lot of time with you with laughing, crying, eating, etc.

ひらがな / Hiragana
(1) しゅうまつ、わたしは としょかんで ほんを よんだり べんきょうしたりする / べんきょうしたりします。
(2) あめが ふったり ゆきが ふったりすると、わたしは いつもぶーつをはく / はきます。
(3) さいきんは にほんで はたらいたり べんきょうしたりする がいこくじんが おおくなった / おおくなりました。

(4) わたしの　しゅみは　えをかいたり　うたったり　おんがくをきいたりすること　/　きいたりすることです。

(5) わたしは　ぶんかの　ちがいで　こんらんしたり　おどろいたり　おこったりしたことがある　/　おこったりしたことがあります。

(6) わらったり　ないたり　たべたり、わたしは　たくさんの　じかんを　あなたと　きょうゆうしたい　/　きょうゆうしたいです。

ローマ字　/ Roman letters

(1) Shûmatsu, watashi wa toshokan de hon o yon dari benkyô shi tari suru/ benkyô shi tari shimasu.

(2) Ame ga futtari yuki ga futtari suru to, watashi wa itsumo bûtsu o haku/ hakimasu.

(3) Saikin wa Nihon de hatarai tari benkyô shi tari suru gaikoku jin ga ôku natta/ ôku narimashita.

(4) Watashi no shumi wa e o kai tari utattari ongaku o kî tari suru koto/ kî tari suru kotodesu.

(5) Watashi wa bunka no chigai de konran shi tari odoroi tari okottari shita koto ga aru/ okottari shita koto ga arimasu.

(6) Warattari nai tari tabe tari, watashi wa takusan no jikan o anata to kyôyû shitai/ kyôyû shitaidesu.

たところ (ta tokoro): just finished doing, was just doing

Meaning:
just finished doing; was just doing

Formation:
Verb-casual, past + ところ（だ）
Verb- て form + いたところ（だ）

日本語 / にほんご / Japanese
(1) 私はたった今、家へ帰ったところだ / ところです。
(2) 彼女はアメリカから日本に戻ったところだ / ところです。
(3) 私たちは、あなたについて話していたところだ / ところです。
(4) クリスはちょうどレポートを書き終えたところだ / ところです。
(5) あの人たちはちょうど向こうのお店まで行くところだ / ところです。
(6) 私たちは祖父を見送りに駅に行ってきたところだ / ところです。

ことばと表現 / Words & Expressions
向こう【むこう】over there
見送る【みおくる】to see someone off
祖父【そふ】grandfather

英語 / えいご / English

(1) I just arrived home.
(2) She just returned to Japan from America.
(3) We were talking about you.
(4) Chris has just finished writing his report.
(5) They are just going to the store over there.
(6) We have been to the station to see my grandfather off.

ひらがな / Hiragana

(1) わたしは たったいま、うちへ かえったところだ / ところです。
(2) かのじょは あめりかから にほんに もどったところだ / ところです。
(3) わたしたちは、あなたについて はなしていたところだ / ところです。
(4) くりすは ちょうど れぽーとを かきおえたところだ / ところです。
(5) あのひとたちは ちょうど むこうの おみせまでいくところだ / ところです。
(6) わたしたちは そふを みおくりに えきに いってきたところだ / ところです。

ローマ字 / Roman letters

(1) Watashi wa tatta ima, uchi e kaetta tokoroda/ tokorodesu.

(2) Kanojo wa Amerika kara Nihon ni modotta tokoroda/ tokorodesu.

(3) Watashi-tachi wa, anata ni tsuite hanashite ita tokoroda/ tokorodesu.

(4) Kurisu wa chôdo repôto o kaki oeta tokoroda/ tokorodesu.

(5) Ano hito-tachi wa chôdo mukô no o-mise made iku tokoroda/ tokorodesu.

(6) Watashi-tachi wa sofu o miokuri ni eki ni itte kita tokoroda/ tokorodesu..

てあげる (te ageru): to do something for someone

Meaning:
to do for

Formation:
Verb- て form + やる / あげる / さしあげる

日本語 / にほんご / Japanese
(1) ぼくが取って来てあげる　/　取って来てあげます。
(2) その問題の解き方を教えてあげるよ　/　教えてあげます。
(3) 本は必要なだけ貸してあげる　/　貸してあげます。
(4) 帰りは車で送ってあげるね　/　送ってあげますね。
(5) おいしい夕食をつくってあげる　/　つくってあげます。
(6) お礼に英語を教えてあげるよ　/　教えてあげますよ。
(7) いつかそのうちに動物園に連れていってあげるよ　/　連れていってあげますよ。

ことばと表現 / Words & Expressions
解く【とく】to solve
貸す【かす】 to loan

英語 / えいご / English
(1) I will get it for you.
(2) I will show you how to solve the problem.
(3) I will lend you as many books as you need.
(4) I will drive you home in my car.
(5) I'm going to cook you a nice dinner.
(6) I will teach English as a thank you.
(7) I will take you to the zoo one of these days.

ひらがな / Hiragana
(1) ぼくが　とってきてあげる　／　とってきてあげます。
(2) そのもんだいの　ときかたを　おしえて あげるよ　／ おしえてあげます。
(3) ほんは　ひつようなだけ　かしてあげる　／　かしてあげます。
(4) かえりは　くるまで　おくってあげるね　／　おくってあげますね。
(5) おいしい　ゆうしょくを　つくってあげるよ　／ つくって　あげますよ。
(6) おれいに　えいごを　おしえてあげるよ　／　おしえてあげますよ。
(7) いつか　そのうちに　どうぶつえんに　つれていってあげるよ　／　つれていってあげますよ。

ローマ字　/ Roman letters

(1) Boku ga totte kite ageru/ totte kite agemasu.

(2) Sono mondai no tokikata o oshiete ageru yo/ oshiete agemasu.

(3) Hon wa hitsuyô na dake kashite ageru/ kashite agemasu.

(4) Kaeri wa kuruma de okutte ageru ne/ okutte agemasu ne.

(5) Oishî yûshoku o tsukutte ageru/ tsukutte agemasu.

(6) Orei ni Eigo o oshiete ageru yo/ oshiete agemasu yo.

(7) Itsuka sonochi ni dôbutsuen ni tsurete itte ageru yo/ tsurete itte agemasu yo.

てある (te aru): something is/has been done

Meaning:
something is done; something has been done (and the resultant state of that action remains)

Formation:
Verb- て form + ある

日本語 / にほんご / Japanese
(1) 私はそのドアを開けてある / 開けてあります。
(2) 君の靴下は全部洗濯してある / 洗濯してあります。
(3) この部屋は冷房してある / 冷房してあります。
(4) この手紙には外国の切手が貼ってある / 貼ってあります。
(5) この新しい町は美しく設計してある / 設計してあります。
(6) 私はその物語の結末を考えてある / 考えてあります。

ことばと表現 / Words & Expressions
靴下【くつした】socks
洗濯する【せんたくする】to wash, to do the laundry
冷房する【れいぼうする】to be air-conditioned
結末【けつまつ】ending

英語 / えいご / English

(1) I kept the door open.

(2) All your socks have also been washed.

(3) This room is air-conditioned.

(4) This letter bears a foreign stamp.

(5) This new town is beautifully laid out.

(6) I have thought of a nice ending for the story.

ひらがな / Hiragana

(1) わたしは そのどあを あけてある / あけてあります。

(2) きみの くつしたは ぜんぶ せんたくしてある / せんたくしてあります。

(3) このへやは れいぼうしてある / れいぼうしてあります。

(4) このてがみには がいこくのきってがはってある / はってあります。

(5) このあたらしい まちは うつくしく せっけいしてある / せっけいしてあります。

(6) わたしは そのものがたりの けつまつを かんがえてある / かんがえてあります。

ローマ字 / Roman letters

(1) Watashi wa sono doa o akete aru/ akete arimasu.

(2) Kimi no kutsushita wa zenbu sentaku shite aru/ sentaku shite arimasu.

(3) Kono heya wa reibô shite aru/ reibô shite arimasu.

(4) Kono tegami ni wa gaikoku no kitte ga hatte aru/ hatte arimasu.

(5) Kono atarashî machi wa utsukushiku sekkei shite aru/ sekkei shite arimasu.

(6) Watashi wa sono monogatari no ketsumatsu o kangaete aru/ kangaete arimasu.

てほしい (te hoshii): I need you to

Meaning:
I need you to…

You use てほしい to ask somebody to do something for you.

Formation:
Verb- て form + ほしい
Verb- ない form + でほしい

日本語 / にほんご / Japanese
(1) 私はあなたに手伝って欲しい / 欲しいです。
(2) 私はあなたに代わりにそこへ行って欲しい / 欲しいです。
(3) 私はあなたに英語を教えて欲しい / 欲しいです。
(4) 私は彼女に元気になって欲しい / 欲しいです。
(5) 私は彼らに夢を持って欲しい / 欲しいです。
(6) 私はこの時間が永遠に続いて欲しい / 欲しいです。

ことばと表現 / Words & Expressions
代わりに【かわりに】instead
永遠に【えいえんに】forever

英語 / えいご / English

(1) I want you to help.

(2) I wish you to go there instead.

(3) I want you to teach me English.

(4) I want her to feel better.

(5) I want them to have dreams.

(6) I want this time to continue forever.

ひらがな / Hiragana

(1) わたしは あなたに てつだって ほしい / ほしいです。

(2) わたしは あなたに かわりに そこへ いって ほしい / ほしいです。

(3) わたしは あなたに えいごを おしえて ほしい / ほしいです。

(4) わたしは かのじょに げんきに なって ほしい / ほしいです。

(5) わたしは かれらに ゆめを もって ほしい / ほしいです。

(6) わたしは このじかんが えいえんに つづいて ほしい / ほしいです。

ローマ字 / Roman letters

(1) Watashi wa anata ni tetsudatte hoshî/ hoshîdesu.

(2) Watashi wa anata ni kawarini soko e itte hoshî/ hoshîdesu.

(3) Watashi wa anata ni Eigo o oshiete hoshî/ hoshîdesu.

(4) Watashi wa kanojo ni genki ni natte hoshî/ hoshîdesu.

(5) Watashi wa karera ni yume o motte hoshî/ hoshîdesu.

(6) Watashi wa kono-jikan ga eien ni tsuzuite hoshî/ hoshîdesu.

ていく (te iku): to go on, to start

Meaning:
to go on, to continue, to start

Formation:
Verb- て form + いく

日本語 / にほんご / Japanese
(1) 私はいつも挑戦していく / 挑戦していきます。
(2) 私はこれからも頑張っていく / 頑張っていきます。
(3) 時は急速に過ぎていく / 過ぎていきます。
(4) 物語はゆっくりと展開していく / 展開していきます。
(5) 結婚してからも仕事を続けていく / 続けていきます。
(6) 学校を卒業しても、日本語の勉強を続けていくつもりだ / つもりです。

ことばと表現 / Words & Expressions
急速に【きゅうそくに】quickly
展開する【てんかいする】develop

英語 / えいご / English
(1) I am always challenging myself.
(2) I'll continue to try my best from now on.
(3) Time passes quickly.
(4) The story develops slowly.
(5) I'll continue working after getting married.

(6) Even after I graduate from School, I intend to continue learning Japanese.

ひらがな / Hiragana
(1) わたしはいつもちょうせんしていく / ちょうせんしていきます。
(2) わたしはこれからもがんばっていく / がんばっていきます。
(3) ときはきゅうそくにすぎていく / すぎていきます。
(4) ものがたりはゆっくりとてんかいしていく / てんかいしていきます。
(5) けっこんしてからもしごとをつづけていく / つづけていきます。
(6) がっこうをそつぎょうしても、にほんごのべんきょうをつづけていくつもりだ / つもりです。

ローマ字 / Roman letters
(1) Watashi wa itsumo chôsen shite iku/ chôsen shite ikimasu.
(2) Watashi wa korekara mo ganbatte iku/ ganbatte ikimasu.
(3) Toki wa kyûsoku ni sugite iku/ sugite ikimasu.
(4) Monogatari wa yukkuri to tenkai shite iku/ tenkai shite ikimasu.
(5) Kekkon shitekara mo shigoto o tsuzukete iku/ tsuzukete ikimasu.
(6) Gakkô o sotsugyô shite mo, Nihongo no benkyô o tsuzukete iku tsumorida/ tsumoridesu.

ているところ (teiru tokoro): in the process of doing

Meaning:
in the process of doing

Formation:
Verb- て form + いるところ（だ）

日本語 / にほんご / Japanese
(1) 今、私はそれを確認しているところだ / 確認しているところです。
(2) 私は対策を考えているところだ / 考えているところです。
(3) 子どもたちは手を洗おうとしているところだ / 洗おうとしているところです。
(4) ちょうど今、私はその件について顧客と相談しているところだ / 相談しているところです。
(5) ちょうど彼女はアパートの契約手続きをしているところだ / 手続きをしているところです。
(6) 二人は何をしているところですか。

ことばと表現 / Words & Expressions
対策【たいさく】countermeasure
手続き【てつづき】procedure
契約【けいやく】contract

英語 / えいご / English
(1) I'm checking it now.
(2) I'm thinking of countermeasures.
(3) The children are just going to wash their hands.
(4) I am just now consulting the client about that matter.
(5) She is just doing the procedures for the apartment contract.
(6) What are you two doing?

ひらがな / Hiragana
(1) いま、わたしは それを かくにんしているところだ / かくにんしているところです。
(2) わたしは たいさくを かんがえているところだ / かんがえているところです。
(3) こどもたちは てを あらおうとしているところだ / あらおうとしているところです。
(4) ちょうどいま、わたしは そのけんについて こきゃくと そうだんしているところだ / そうだんしているところです。
(5) ちょうど かのじょは あぱーとの けいやくて つづきを しているところだ / てつづきを しているところです。
(6) ふたりは なにを しているところですか。

ローマ字 / Roman letters

(1) Ima, watashi wa sore o kakunin shite iru tokoroda/ kakunin shite iru tokorodesu.

(2) Watashi wa taisaku o kangaete iru tokoroda/ kangaete iru tokorodesu.

(3) Kodomo-tachi wa te o araô to shite iru tokoroda/ araô to shite iru tokorodesu.

(4) Chôdo ima, watashi wa sono-ken ni tsuite kokyaku to sôdan shite iru tokoroda/ sôdan shite iru tokorodesu.

(5) Chôdo kanojo wa apâto no keiyaku-tetsuzuki o shite iru tokoroda/ tetsuzuki o shite iru tokorodesu.

(6) Futari wa nani o shite iru tokorodesu ka?

ていた (te ita): was doing something

Meaning:
was doing something (past continuous)

Formation:
Verb- て form + いた

The polite form is ていました. い is usually omitted, so you'll mostly hear てた / てました.

日本語 / にほんご / Japanese
(1) 彼は公園で散歩をしていた / 散歩していました。
(2) 彼は下を向いていた / 下を向いていました。
(3) 彼は仕事をさぼっていた / さぼっていました。
(4) 私の手は震えていた / 震えていました。
(5) 私たちは静かにしていた / 静かにしていました。
(6) 昨日、激しい風が吹いていた / 吹いていました。

ことばと表現 / Words & Expressions
下を向く【したをむく】to face down
震える【ふるえる】to shake
風【かぜ】wind

英語 / えいご / English

(1) He was walking in the park.

(2) He was facing down.

(3) He was skipping work.

(4) My hands were shaking

(5) We kept quiet.

(6) The wild wind was blowing yesterday.

ひらがな / Hiragana

(1) かれは こうえんで さんぽを していた / さんぽしていました。
(2) かれは したを むいていた / したをむいていました。
(3) かれは しごとを さぼっていた / さぼっていました。
(4) わたしの ては ふるえていた / ふるえていました。
(5) わたしたちは しずかに していた / しずかにしていました。
(6) きのう、はげしい かぜが ふいていた / ふいていました。

ローマ字 / Roman letters

(1) Kare wa kôen de sampo o shite ita/ sanpo shite imashita.

(2) Kare wa shita o muite ita/ shita o muite imashita.

(3) Kare wa shigoto o sabotte ita/ sabotte imashita.

(4) Watashi no te wa furuete ita/ furuete imashita.

(5) Watashi-tachi wa shizukani shite ita/ shizukani shite imashita.

(6) Kinô, hageshî kaze ga fuite ita/ fuite imashita.

ていただけませんか (te itadakemasen ka) "could you please"

Meaning:
can you please; could I get

Formation:
Verb-て form + もらえませんか / いただけませんか

日本語 / にほんご / Japanese
(1) 切符を買う場所を教えてもらえませんか？ / 教えていただけませんか？

(2) 成田空港駅までいくらかかるか教えてもらえませんか？ / 教えていただけませんか？

(3) 池袋駅までの行き方を教えてもらえませんか？ / 教えていただけませんか？

(4) 原宿駅までどの路線を使うべきか教えてもらえませんか？ / 教えていただけませんか？

(5) 新宿駅に行くために、どの駅で乗り換えるかを教えてもらえませんか？ / 教えていただけませんか？

(6) 東京スカイツリーに行くために、どの駅で降りるべきか教えてもらえませんか？ / 教えていただけませんか？

英語 / えいご / English
(1) Could you please tell me the place to buy a ticket?
(2) Could you please tell me how much it will cost to Narita Airport Station?
(3) Could you please tell me how to get to Ikebukuro station?
(4) Could you please tell me which line I should take to Harajuku station?
(5) Could you please tell me in which station I should change trains in order to get to Shinjuku station?
(6) Could you please tell me in which station I should get off in order to get to Tokyo Sky Tree?

ひらがな / Hiragana
(1) きっぷを かう ばしょを おしえて もらえませんか？ / おしえて いただけませんか？
(2) なりたくうこうえきまで いくらかかるか おしえて もらえませんか？ / おしえて いただけませんか？
(3) いけぶくろえきまでの いきかたを おしえて もらえませんか？ / おしえて いただけませんか？
(4) はらじゅくえきまで どのろせんを つかうべきか おしえて もらえませんか？ / おしえて いただけませんか？
(5) しんじゅくえきに いくために、どのえきで のりかえるか おしえて もらえませんか？ / おしえて いただけませんか？
(6) とうきょう すかいつりーに いくために、どのえきで おりるべきか おしえて もらえませんか？ / おしえて いただけませんか？

ローマ字 / Roman letters

(1) Kippu o kau basho o oshiete morae masenka? / oshiete itadake masen ka?

(2) Narita kûkô-eki made ikura kakaru ka oshiete morae masenka? / Oshiete itadake masenka?

(3) Ikebukuro-eki made no ikikata o oshiete morae masen ka? / oshiete itadake masenka?

(4) Harajuku-eki made dono rosen o tsukau bekika oshiete morae masenka? / oshiete itadake masenka?

(5) Shinjuku-eki ni iku tame ni, dono eki de norikaeruka o oshiete morae masenka? / Oshiete itadake masen ka?

(6) Tôkyô sukaitsurî ni iku tame ni, dono eki de oriru beki ka oshiete morae masenka? / Oshiete itadake masenka?

てくれる (tekureru) "to do something for me or somebody's sake"

Meaning:
to do something for me or somebody's sake

Formation:
Giver + は / が + Receiver + に + Verb- て form + くれる / くださる

日本語 / にほんご / Japanese
(1) 父が私に授業料を送ってくれる / 送ってくれます。
(2) 久保さんが私たちにすき焼きを作ってくれた / 作ってくれました。
(3) 時々三木さんが私にカメラを貸してくれる。/ 貸してくれます。
(4) 友達が母にコンピューターの使い方を教えてくれた / 教えてくれました。
(5) 宮田先生が私たちにそのニュースを知らせてくれた / 知らせてくださいました。
(6) 三宅先生が私たちに映画を見せてくれた / 見せてくださいました。

英語 / えいご / English

(1) My father sends me my tuition.
(2) Ms.Kubo cooked sukiyaki for us.
(3) Sometimes Mr.Miki lends me his camera.
(4) My friend taught my mother how to use a computer.
(5) Professor.Miyata informed us of the news.
(6) Professor Miyake showed us a movie.

ひらがな / Hiragana

(1) ちちが わたしに じゅぎょうりょうを おくって くれる / おくってくれます。
(2) くぼさんが わたしたちに すきやきを つくって くれた / つくってくれました。
(3) ときどき みきさんが わたしに かめらを かし てくれる / かしてくれます。
(4) ともだちが こんぴゅーたーの つかいかたを お しえてくれた / おしえてくれました。
(5) みやたせんせいが わたしたちに そのにゅーすを しらせてくれた / しらせてくださいました。
(6) みやけせんせいが わたしたちに えいがを みせ てくださった / みせてくださいました。

ローマ字 / Roman letters

(1) Chichi ga watashi ni jugyô-ryô o okutte kureru/ okutte kuremasu.

(2) Kubo-san ga watashi-tachi ni sukiyaki o tsukutte kureta/ tsukutte kuremashita.

(3) Tokidoki Miki-san ga watashi ni kamera o kashite kureru. / kashite kuremasu.

(4) Tomodachi ga haha ni konpyûta no tsukaikata o oshiete kureta/ oshiete kuremashita.

(5) Miyata sensei ga watashi-tachi ni sono nyûsu o shira sete kureta/ shira sete kudasai mashita.

(6) Miyake sensei ga watashi-tachi ni eiga o misete kureta/ misete kudasaimashita.

てくる (te kuru): to come to, to become, to continue

Meaning:
to come to, to become, to continue, to do… and come back

Formation:
Verb-て form + くる

日本語 / にほんご / Japanese
(1) 私は戻ってくる / 戻ってきます。
(2) 5時までに彼は帰ってくる / 帰ってきます。
(3) 台風が近づいてくる / 近づいてきます。
(4) また希望が出てきた / 出てきました。
(5) この伝統は何百年も続いてきた / 続いてきました。
(6) 窓の灯が徐々に大きくなってきた / 大きくなってきました。

ことばと表現 / Words & Expressions
台風【たいふう】typhoon
希望【きぼう】hope
伝統【でんとう】tradition
灯【あかり】light

英語 / えいご / English
(1) I'll come back.
(2) He'll be back by five o'clock.
(3) A typhoon is coming.
(4) My hopes revived.
(5) This tradition has continued for hundreds of years.
(6) The window lights grew slowly larger.

ひらがな / Hiragana
(1) わたしは もどってくる / もどってきます。
(2) ごじまでに かれは かえってくる / かえってきます。
(3) たいふうが ちかづいてくる / ちかづいてきます。
(4) また きぼうが でてきた / でてきました。
(5) この でんとうは なんびゃくねんも つづいてきた / つづいてきました。
(6) まどの あかりが じょじょに おおきくなってきた / おおきくなってきました。

ローマ字 / Roman letters

(1) Watashi wa modotte kuru/ modotte kimasu.

(2) Go-ji made ni kare wa kaette kuru/ kaette kimasu.

(3) Taifû ga chikazuite kuru/ chikadzuite kimasu.

(4) Mata kibô ga dete kita/ dete kimashita.

(5) Kono dentô wa nanbyakunen mo tsuzuite kita/ tsuzuite kimashita.

(6) Mado no akari ga jojoni ôkiku natte kita/ ôkiku natte kimashita.

てみる (te miru) "to try to"

Meaning:
try to (do something)

Formation:
Verb て (= te) form : てみる (= ~ te miru) / (polite) Verb てみます (= ~ te mimasu)

日本語 / にほんご / Japanese
(1) その遺跡は訪れてみる価値がある　／価値があります。
(2) フクロウカフェは行ってみる価値がある／価値があります。
(3) メキシコ料理はおいしいです。あなたも試してみるべきだ　／試してみるべきです。
(4) 彼女をデートに誘ってみる　／誘ってみます。
(5) 来年、私は日本で英語を教えてみる　／教えてみます。
(6) お好み焼きを初めて食べてみた／食べてみました。

英語 / えいご / English
(1)The ruins are worth visiting.
(2)Owl cafes are worth visiting.
(3)Mexican food is delicious. You should try it.
(4) I tried to ask her out on a date.
(5)I will try to teach English in Japan next year.
(6)I tried eating Okonomiyaki for the first time.

ひらがな / Hiragana

(1) その いせきは おとずれてみる かちがある / かちがあります。

(2) ふくろうかふぇは いってみる かちがある / かちがあります。

(3) めきしこりょうりは おいしいです。あなたも ためしてみるべきだ / ためしてみるべきです。

(4) かのじょをでーとに さそってみる / さそってみます。

(5) らいねん、わたしは にほんで えいごを おしえてみる / おしえてみます。

(6) おこのみやきを はじめて たべてみた / たべてみました。

ローマ字 / Roman letters

(1) Sono iseki wa otozurete miru kachi ga aru/ kachi ga arimasu.

(2) Fukurô kafe wa itte miru kachi ga aru/ kachi ga arimasu.

(3) Mekishiko ryôri wa oishîdesu. Anata mo tameshite mirubekida/ tameshite mirubekidesu.

(4) Kanojo o dêto ni sasotte miru/ sasotte mimasu.

(5) Rainen, watashi wa Nihon de Eigo o oshiete miru/ oshiete mimasu.

(6) Okonomi-yaki o hajimete tabete mita/ tabete mimashita.

ても (temo) "even if, even though"

Meaning:
even if; even though

Formation:
Verb-て form + も / Verb-ない form (ーい) + くても
Noun + でも / Noun + じゃなくても
い adj + (ーい) + くても / い adj-ない form (ーい) + くても
な adj + でも / な adj-ない form (ーい) + くても

日本語 / にほんご / Japanese
(1) 彼の説明を詳しく聞いても、理解できない / 理解できません。
(2) 私は目の前に困難が多くても、成功するまであきらめない / あきらめません。
(3) 私たちが今から走っても、バスに間に合わない / 間に合いません。
(4) 弟は4時間しか眠らなくても、元気だ / 元気です。
(5) 日曜日、私たちは雨でもバスケットボールの試合を行う / 行います。
(6) 妹はいい天気でなくても、洗濯する / 洗濯します。
(7) ジョンは寂しくても、一人で旅をする / 旅をします。

ことばと表現 / Words & Expressions
試合【しあい】match, game
寂しい【さびしい】lonely
英語 / えいご / English

(1) Even if I listen to his explanation in detail, I can not understand it.
(2) Even if there are many difficulties in front of me, I will not give up until I succeed.
(3) Even if we run from now, we can not catch the bus.
(4) My brother is fine, even if he sleeps for only four hours.
(5) On Sunday, even in the rain, we will play basketball games.
(6) My younger sister does the laundry even if the weather is not good.
(7) Though John is lonely, but travels alone.

ひらがな / Hiragana
(1) かれのせつめいをくわしくきいても、りかいできない / りかいできません。
(2) わたしはめのまえにこんなんがおおくても、せいこうするまであきらめない / あきらめません。
(3) わたしたちがいまからはしっても、バスにまにあわない / まにあいません。
(4) おとうとはよじかんしかねむらなくても、げんきだ / げんきです。
(5) にちようび、わたしたちはあめでもばすけっとぼーるのしあいをおこなう / おこないます。
(6) いもうとはいいてんきでなくても、せんたくする / せんたくします。
(7) じょんはさびしくても、ひとりでたびをする / たびをします。

ローマ字 / Roman letters

(1) Kare no setsumei o kuwashiku kîte mo, rikai dekinai / rikai dekimasen.

(2) Watashi wa me no mae ni kon'nan ga ôkute mo, seikô suru made akiramenai / akiramemasen.

(3) Watashi-tachi ga ima kara hashitte mo, basu ni maniawanai/ maniaimasen.

(4) Otôto wa yo-jikan shika nemuranakutemo, genki da/ genki desu.

(5) Nichiyôbi, watashi-tachi wa ame demo basuketto-bôru no shiai o okonau/ okonaimasu.

(6) Imôto wa î tenki de nakute mo, sentaku suru / sentaku shimasu.

(7) Jon wa sabishikute mo, hitori de tabi o suru / tabi o shimasu.

てもらう (te morau) "to get somebody to do something"

Meaning:
to get somebody to do something

Formation:
Receiver + は + Giver + に + Verb-て form + もらう / いただく

日本語 / にほんご / Japanese
(1) 頭が痛かったので、私は医者に診断してもらった / 診断してもらいました。
(2) 日曜日、私たちは息子に駅まで送ってもらった / 送ってもらいました。
(3) 昨日、課長は誰かに事務所を片付けてもらった / 片付けてもらいました。
(4) 先月、社長はマリアに新聞社の住所を調べてもらった / 調べてもらいました。
(5) 私はプレゼントを店員に包んでもらった / 包んでもらいました
(6) 私は先輩にフランス語の手紙を翻訳してもらった / 翻訳してもらいました

ことばと表現 / Words & Expressions
招待する【しょうたいする】to invite
片付ける【かたづける】to tidy up
課長【かちょう】section manager

事務所【じむしょ】office
社長【しゃちょう】company president
新聞社【しんぶんしゃ】newspaper company
住所【じゅうしょ】an address, a residence
調べる【しらべる】to investigate
プレゼント present
店員【てんいん】shop assistant
包む【つつむ】to wrap
先輩【せんぱい】senior
翻訳【ほんやく】translation

英語 / えいご / English
(1) Because I had a headache, I got my doctor to diagnose me.
(2) On Sunday we got my son to take us to the station.
(3) Yesterday, the section manager got someone to tidy up our office.
(4) Last month, the president got Maria to investigate the address of the newspaper company.
(5) I get the store clerk to wrap my present.
(6) I got her senior to translate a French letter.

ひらがな / Hiragana
(1) あたまが いたかったので、わたしは いしゃに しんだん してもらった / しんだん してもらいました。
(2) にちようび、わたしたちは むすこに えきまで おくってもらった / おくってもらいました。

(3) きのう、かちょうは だれかに じむしょを かたづけてもらった / かたづけてもらいました。

(4) せんげつ、しゃちょうは まりあに しんぶんしゃの じゅうしょを しらべてもらった / しらべてもらいました。

(5) わたしは ぷれぜんとを てんいんに つつんでもらう / つつんでもらいます。

(6) わたしは せんぱいに ふらんすごの てがみを ほんやくしてもらった / ほんやくしてもらいました。

ローマ字 / Roman letters

(1) Atama ga itakatta node, watashi wa isha ni shindan shite moratta / shindan shite morai mashita.

(2) Nichiyôbi, watashi-tachi wa musuko ni eki made okutte moratta / okutte moraimashita.

(3) Kinô, kachô wa dareka ni jimusho o katadzukete moratta/ katadzukete moraimashita.

(4) Sengetsu, shachô wa Maria ni shimbun-sha no jôsho o shirabete moratta/ shirabete morai mashita.

(5) Watashi wa purezento o ten'in ni tsutsunde morau/ tsutsunde moraimasu.

(6) Watashi wa sempai ni furansugo no tegami o hon'yaku shite moratta/ hon'yaku shite moraimashita.

V+ ておく (teoku) "to prepare something for future"

Meaning:
to do something in advance (as preparation for something else)

Formation:
Verb- て form + おく

日本語 / にほんご / Japanese
(1) 私が晩ご飯を作っておく / 作っておきます。
(2) 私がゴミ出しをやっておく / やっておきます。
(3) 彼女に気を付けるように言っておく / 言っておきます。
(4) あなたはいつも迷子になるので私がバッグに地図を入れておいた / 入れておきました。
(5) 支払いは済ませておいた / 済ませておきました。
(6) 彼女の誕生日のためプレゼントを選んでおこう / 選んでおきましょう。

英語 / えいご / English
(1) I will make dinner (in advance for the future).
(2) I'll take the trash out (for who or to what/do)
(3) I'll tell her to be careful.
(4) Since you always get lost,) I put a map on your bag
(5) I paid the bill(in advance).
(6) Let's choose a present for her birthday (in advance for the future).

ひらがな / Hiragana

(1) わたしが ばんごはんを つくっておく / つくっておきます。

(2) わたしが ごみだしを やっておく / やっておきます。

(3) かのじょに きをつける ように いっておく / いっておきます。

(4) あなたは いつも まいごになる ので、わたしが ばっぐに ちずを いれておいた / いれておきました。

(5) しはらいは すませておいた / すませておきました。

(6) かのじょの たんじょうびの ために ぷれぜんとを えらんで おこう / えらんで おきましょう。

ローマ字 / Roman letters

(1) Watashi ga ban gohan o tsukutte oku/ tsukutte okimasu.

(2) Watashi ga gomi-dashi o yatte oku/ yatte okimasu.

(3) Kanojo ni ki o tsukeru yôni itte oku/ gen tte okimasu.

(4) Anata wa itsumo maigo ni naru node watashi ga baggu ni chizu o irete oita/ irete okimashita.

(5) Shiharai wa sumasete oita/ sumasete okimashita.

(6) Kanojo no tanjôbi no tame purezento o erande okô/ erande okimashô.

てしまう (te shimau) "to do something by accident, to finish completely"

Meaning:
to do something by accident, to finish completely

Literally, しまう means "to finish." Do not be surprised to find this word used only in this meaning sometimes, with no "undesired"-connotation.

Formation:
Verb- て form + しまう
Verb- て form (ーて) + ちゃう
Verb- て form (ーて) + じゃう

日本語 / にほんご / Japanese
(1) 私はいつも本を読んでいるうちに眠ってしまう　／　眠ってしまいます。
(2) スミスさんは誰にでも秘密を話してしまう　／　話してしまいます。
(3) 一年後、彼女は外国へ行ってしまう　／　行ってしまいます。
(4) 遅れてしまいました、すみません。
(5) 田中さんは電車の中にかばんを忘れてしまった　／　忘れてしまいました。
(6) ジョンは、その映画を見て泣いてしまった　／　泣いてしまいました。

(7) 娘はもう、ひらがなを全部覚えてしまった / 覚えてしまいました。

英語 / えいご / English
(1) I always fall asleep while reading a book.
(2) Mr. Smith tells a secret to everyone.
(3) A year later she goes abroad.
(4) I am late, sorry.
(5) Mr. Tanaka forgot the bag in the train.
(6) John cried at the movie.
(7) My daughter has already learned all the hiragana.

ひらがな / Hiragana
(1) わたしは いつも ほんを よんでいるうちに ねむってしまう / ねむってしまいます。
(2) すみすさんは だれにでも ひみつを はなしてしまう / はなしてしまいます。
(3) いちねんご、かのじょは がいこくへ いってしまう / いってしまいます。
(4) おくれてしまいました、すみません。
(5) たなかさんは でんしゃのなかに かばんを わすれてしまった / わすれてしまいました。
(6) ジョンは、そのえいがを みて ないてしまった / ないてしまいました。
(7) むすめは もう、ひらがなを ぜんぶ おぼえてしまった / おぼえてしまいました。

ローマ字 / Roman letters

(1) Watashi wa itsumo hon o yonde iru uchi ni nemutte shimau/ nemutte shimaimasu.

(2) Sumisu-san wa dare ni demo himitsu o hanashite shimau/ hanashite shimaimasu.

(3) Ichinen-go, kanojo wa gaikoku e itte shimau/ itte shimaimasu.

(4) Okurete shimaimashita, sumimasen.

(5) Tanaka-san wa densha no naka ni kaban o wasurete shimatta/ wasurete shimai mashita.

(6) Jon wa, sono eiga o mite naite shimatta/ naite shimai mashita.

(7) Musume wa mô, hiragana o zenbu oboete shimatta/ oboete shimai mashita.

てすみません (te sumimasen): I'm sorry for

Meaning:
I'm sorry for

Formation:
Verb-て form + すみません

日本語 / にほんご / Japanese
(1) お待たせしてすみません。
(2) ご迷惑をかけてすみません。
(3) ご心配をかけてすみません。
(4) 会議に遅れて済みません。
(5) ご連絡が遅れて済みません。
(6) お邪魔して済みませんが、あなたに電話がかかっています。

ことばと表現 / Words & Expressions
迷惑をかける【めいわくをかける】to trouble one
心配をかける【しんぱいをかける】to have caused one such anxiety
邪魔をする【じゃまをする】to disturb one

英語 / えいご / English

(1) I'm sorry to have kept you waiting.

(2) I'm sorry to trouble you.

(3) I am sorry to have caused you such anxiety.

(4) Sorry I'm late for the meeting.

(5) Sorry for the late reply.

(6) I'm sorry to disturb you but there's a phone call for you.

ひらがな / Hiragana

(1) おまたせしてすみません。
(2) ごめいわくをおかけしてすみません。
(3) ごしんぱいを かけてすみません。
(4) かいぎに おくれてすみません。
(5) ごれんらくが おくれてすみません。
(6) おじゃましてすみませんが、あなたに でんわがかかっています。

ローマ字 / Roman letters

(1) O-mata se shite sumimasen.
(2) Go-meiwaku o kakete sumimasen.
(3) Go-shinpai o kakete sumimasen.
(4) Kaigi ni okurete sumimasen.
(5) Go renraku ga okurete sumimasen.
(6) O-jama shite sumimasen ga, anata ni denwa ga kakatte imasu.

てよかった (te yokatta): I'm glad that

Meaning:
I'm glad that…

Formation:
Verb- て form + よかった
Verb- ない form（ーい）+ くてよかった

日本語 / にほんご / Japanese
(1) あなたに会えてよかった / よかったです。
(2) あなたと旅ができてよかった / よかったです。
(3) あなたが元気になってよかった / よかったです。
(4) 昨日は晴れてよかった / よかったです。
(5) 私は彼女を殺さなくてよかった / よかったです。
(6) あなたが怪我がなくてよかった / よかったです。

ことばと表現 / Words & Expressions
怪我【けが】injury

英語 / えいご / English
(1) I'm glad that I could meet you.
(2) I am glad that I could travel with you.
(3) I am glad that you got better.
(4) It was good yesterday was sunny.
(5) It is good that I didn't kill her.
(6) I'm glad you have no injuries.

ひらがな / Hiragana
(1) あなたにあえてよかった / よかったです。
(2) あなたとたびができてよかった / よかったです。
(3) あなたがげんきになってよかった / よかったです。
(4) きのうははれてよかった / よかったです。
(5) わたしはかのじょをころさなくてよかった / よかったです。
(6) あなたがけががなくてよかった / よかったです。

ローマ字 / Roman letters
(1) Anata ni aete yokatta/ yokatta desu.
(2) Anata to tabi ga dekite yokatta/ yokatta desu.
(3) Anata ga genki ni natte yokatta/ yokatta desu.
(4) Kinô wa harete yokatta/ yokatta desu.
(5) Watashi wa kanojo o korosa nakute yokatta/ yokatta desu.
(6) Anata ga kega ga nakute yokatta/ yokatta desu.

と (to): if, when, and

Meaning:
if, when, and

Formation:
Verb-casual, non-past + と

日本語 / にほんご / Japanese
(1) 私は文章を声に出して読むと、よく覚えられる / 覚えられます。
(2) 私は京都に来ると、いつも神社や寺を訪ねたくなる / 訪ねたくなります。
(3) おとなしい子供が怒ると恐ろしい / 恐ろしいです。
(4) 熱すると水は蒸気に変わる / 変わります。
(5) アメリカ経済に目を向けると、非常に順調だ / 順調です。
(6) テレビドラマは一度スタートすると、3ヶ月ほど放送される / 放送されます。

ことばと表現 / Words & Expressions
文章【ぶんしょう】sentence
神社【じんじゃ】shrine
寺【てら】temple
訪ねる【たずねる】to visit
熱する【ねっする】to heat

英語 / えいご / English

(1) When I read the sentences aloud, I remember it well.
(2) When I come to Kyoto, I always want to visit shrines and temples.
(3) Quiet kids are scary when they get mad.
(4) When heated, water changes into steam.
(5) When you look at the U.S. economy, it's really doing well.
(6) Once a drama on TV starts, it will be broadcasted around for about 3 months.

ひらがな / Hiragana

(1) わたしは ぶんしょうを こえにだしてよむと、よくおぼえられる / おぼえられます。
(2) わたしは きょうとに くると、いつも じんじゃやてらを たずねたくなる / たずねたくなります。
(3) おとなしい こどもが おこると おそろしい / おそろしいです。
(4) ねっすると みずは じょうきに かわる / かわります。
(5) あめりかけいざいに めを むけると、ひじょうに じゅんちょうだ / じゅんちょうです。
(6) てれびどらまは いちど すたーとすると、さんかげつほど ほうそうされる / ほうそうされます。

ローマ字 / Roman letters

(1) Watashi wa bunshô o koe ni dashite yomu to, yoku oboe rareru/ oboe raremasu.

(2) Watashi wa Kyôto ni kuru to, itsumo jinja ya tera o tazunetaku naru/ tazunetaku narimasu.

(3) Otonashî kodomo ga okoruto osoroshî/ osoroshî desu.

(4) Nessuru to mizu wa jôki ni kawaru/ kawarimasu.

(5) Amerika keizai ni me o mukeru to, hijô ni junchô da/ junchô desu.

(6) Terebi dorama wa ichido sutâto suru to, san-kagetsu hodo hô-sô sa reru/ hô sô sa remasu.

と〜と、どちらが (to~to, dochira ga): which one

Meaning:
which one…

Formation:
Noun 1 + と + Noun 2 + とどちらが
Verb phrase 1 + と + Verb phrase 2 + とどちらが

日本語 / にほんご / Japanese
(1) あなたとナオコとどちらが背が高いですか。
(2) 太陽と地球とではどちらが大きいですか。
(3) あなたは夏と冬とではどちらが好きですか。
(4) スポーツをするのと、見るのとどちらが好きですか。
(5) 物理学と化学とどちらがお好きですか。
(6) コーヒーと紅茶とどちらになさいますか。

ことばと表現 / Words & Expressions
太陽【たいよう】the sun
地球【ちきゅう】the earth
物理学【ぶつりがく】physics
化学【かがく】chemistry

英語 / えいご / English

(1) Who is taller, you or Naoko?

(2) Which is larger, the sun or the earth?

(3) Which do you like better, summer or winter?

(4) Which do you prefer, playing sports or watching it?

(5) Which do you like better, physics or chemistry?

(6) What would you like to drink, coffee or black tea?

ひらがな / Hiragana

(1) あなたとなおこと どちらが せが たかいですか。

(2) たいようと ちきゅうとでは どちらが おおきいですか。

(3) あなたは なつと ふゆと では どちらが すきですか。

(4) すぽーつを するのと、みるのと どちらが すきですか。

(5) ぶつりがくと かがくと どちらが おすきですか。

(6) こーひーと こうちゃと どちらになさいますか。

ローマ字 / Roman letters

(1) Anata to Naoko to dochira ga se ga takai desuka.

(2) Taiyô to chikyû to dewa dochira ga ôkî desuka.

(3) Anata wa natsu to fuyu to dewa dochira ga suki desuka.

(4) Supôtsu o suru no to, miru no to dochira ga suki desuka.

(5) Butsuri-gaku to ka-gaku to dochira ga o-suki desuka.

(6) Kôhî to kôcha to dochira ni nasai masuka.

ということ (to iu koto): (changes a sentence or phrase into a Noun)

We use ということ to change a sentence or phrase into a noun.

Formation:
Phrase + ということ

日本語 / にほんご / Japanese
(1) 地球が丸いということは今では明らかだ　/　明らかです。
(2) この法律を知っている人が少ないということは、大きな問題だ　/　大きな問題です。
(3) 私たちの課題は、人手不足であるということだ　/　人手不足であるということです。
(4) 何かを始めるということに遅ぎるということはない　/　ありません。
(5) 何事も経験が必要だということだ　/　必要だということです。
(6) 働く意味は、他人から「ありがとう」を集めるということにある　/　あります。

ことばと表現 / Words & Expressions
地球【ちきゅう】the earth
法律【ほうりつ】law
人手不足【ひとでぶそく】a shortage of workers

英語 / えいご / English

(1) That the earth is round is clear now.
(2) The fact that very few people know about this law is a big problem.
(3) Our problem is that we are suffering from a shortage of workers.
(4) It is never too late to start something.
(5) It means that you need to experience many cases.
(6) The meaning of working is to get people's appreciations.

ひらがな / Hiragana

(1) ちきゅうがまるいということはいまではあきらかだ ／ あきらかです。
(2) このほうりつをしっているひとがすくないということは、おきなもんだいだ ／ おおきなもんだいです。
(3) わたしたちのかだいは、ひとでぶそくであるということだ ／ ひとでぶそくであるということです。
(4) なにかをはじめるということにおそぎるということはない ／ ありません。
(5) なにごともけいけんがひつようだということだ ／ ひつようだということです。
(6) はたらくいみは、たにんから「ありがとう」をあつめるということにある ／ あります。

ローマ字　/ Roman letters

(1) Chikyû ga marui to iu koto wa ima dewa akirakada/ akirakadesu.

(2) Kono hôritsu o shitte iru hito ga sukunai to iu koto wa, ôkina mondaida/ ôkina mondaidesu.

(3) Watashi-tachi no kadai wa, hitode-busoku de aru to iu kotoda/ hitode-busoku dearu to iu kotodesu.

(4) Nanika o hajimeru to iu koto ni oso sugiru to iu koto wanai/ arimasen.

(5) Nanigoto mo keiken ga hitsuyôda to iu kotoda/ hitsuyôda to iu kotodesu.

(6) Hataraku imi wa, tanin kara `arigatô' o atsumeru to iu koto ni aru/ arimasu.

といってもいい (to itte mo ii): you could say, you might say

Meaning:
you could say; you might say

Formation:
Phrase + と言ってもいい

日本語 / にほんご / Japanese
(1) 彼女は天才と言ってもいい / 言ってもいいです。
(2) あの人はインド第一の学者と言ってもいい / 言ってもいいです。
(3) 彼は一流の作家であると言ってもいい / 言ってもいいです。
(4) 彼は本の虫であると言ってもいい / 言ってもいいです。
(5) スミス夫人はテレビ中毒といってもいい / 言ってもいいです。
(6) ガンジーは世界を劇的に変えたと言ってもいい / 言ってもいいです。

ことばと表現 / Words & Expressions
天才【てんさい】genius
インド【いんど】India
一流の【いちりゅうの】first-rate
作家【さっか】writer
中毒【ちゅうどく】addict
劇的に【げきてきに】dramatically

英語 / えいご / English

(1) You could say that she is a genius.

(2) You may say that he is the first scholar in India.

(3) You may say that he is a first-rate writer.

(4) He is what you might call a bookworm.

(5) You could say that Mrs. Smith is a television addict.

(6) You could say that Gandhi changed the world dramatically.

ひらがな / Hiragana

(1) かのじょは てんさい といってもいい / いってもいいです。

(2) あのひとは いんど だいいちの がくしゃ といってもいい / いってもいいです。

(3) かれは いちりゅうの さっかである といってもいい / いってもいいです。

(4) かれは ほんの むしである といってもいい / いってもいいです。

(5) すみすふじんは てれびちゅうどく といってもいい / いってもいいです。

(6) がんじーは せかいを げきてきに かえた といってもいい / いってもいいです。

ローマ字 / Roman letters

(1) Kanojo wa tensai to itte mo î/ itte mo îdesu.

(2) Ano hito wa Indo dai ichi no gakusha to itte mo î/ itte mo îdesu.

(3) Kare wa ichiryû no sakkadearu to itte mo î/ itte mo î desu.

(4) Kare wa hon no mushidearu to itte mo î/ itte mo îdesu.

(5) Sumisu fujin wa terebi chûdoku to itte mo î/ itte mo î desu.

(6) Ganjî wa sekai o gekiteki ni kaeta to itte mo î/ itte mo î desu.

といわれている (to iwarete iru): it is said that

Meaning:
it is said that…

Formation:
Phrase + と言われている

日本語 / にほんご / Japanese
(1) 彼はよい医者だと言われている / 言われています。
(2) 彼は入院したと言われている / 言われています。
(3) 彼はたくさんの人を救ったと言われている / 言われています。
(4) 魚は健康にいいと言われている / 言われています。
(5) 13は不吉な数と言われている / 言われています。
(6) コロンブスが新大陸を発見したと言われている / 言われています。

ことばと表現 / Words & Expressions
入院する【にゅういんする】to be hospitalized
救う【すくう】to save
不吉【ふきつ】unlucky
大陸【たいりく】continent

英語 / えいご / English

(1) He is said to be a good doctor.

(2) It is said that he was hospitalized.

(3) It is said that he saved a lot of people.

(4) It is said that fish is good for health.

(5) Thirteen is said to be an unlucky number.

(6) It is said that Columbus discovered the New Continent.

ひらがな / Hiragana

(1) かれは よいいしゃだ といわれている / いわれています。

(2) かれは にゅういんした といわれている / いわれています。

(3) かれは たくさんのひとをすくった といわれている / いわれています。

(4) さかなは けんこうにいい といわれている / いわれています。

(5) じゅうさんは ふきつなかず といわれている / いわれています。

(6) ころんぶすが しんたいりくを はっけんした といわれている / いわれています。

ローマ字 / Roman letters

(1) Kare wa yoi ishada to iwa rete iru/ iwa rete imasu.

(2) Kare wa nyûin shita to iwa rete iru/ iwa rete imasu.

(3) Kare wa takusan no hito o sukutta to iwa rete iru/ iwa rete imasu.

(4) Sakana wa kenkô ni î to iwa rete iru/ iwa rete imasu.

(5) Jûsan wa fukitsuna kazu to iwa rete iru/ iwa rete imasu.

(6) Koronbusu ga shin-tairiku o hakken shita to iwa rete iru/ iwa rete imasu.

とか〜とか (toka ~ toka): among other things, such as

Meaning:
among other things; such as

Formation:
Verb-dictionary form + とか + Verb dictionary form + (とか)
Noun + とか + Noun + (とか)

日本語 / にほんご / Japanese
(1) 私はお化けとか怪物が怖い / 怖いです。
(2) わたしは数学とか科学とかに興味があった / 興味がありました。
(3) 私は包丁とかなべとか台所用品を持参する / 持参します。
(4) 彼が椅子とかテーブルとかを搬入する / 搬入します。
(5) 音楽とか絵画とか読書とかは人の心に安らぎを与えてくれる / 与えてくれます。
(6) この大学では、ベトナム語とか東アジアのいろいろなことばが勉強できる / 勉強できます。

ことばと表現 / Words & Expressions
お化け【おばけ】ghost
怪物【かいぶつ】monster
包丁【ほうちょう】knive
台所用品【だいどころようひん】kitchen utensils
持参する【じさんする】to bring
搬入する【はんにゅうする】to bring in
安らぎ【やすらぎ】peace

英語 / えいご / English
(1) I'm scared of ghosts and monsters.
(2) I was interested in math and science.
(3) I will bring kitchen utensils such as knives and cooking pots.
(4) He brings in chairs and tables and such.
(5) Music or painting or reading will give you some peace of mind.
(6) You can learn Vietnamese and other East Asian languages at this university.

ひらがな / Hiragana
(1) わたしはおばけとかかいぶつがこわい　／　こわいです。
(2) わたしはすうがくとかかがくとかにきょうみがあった　／　きょうみがありました。
(3) わたしはほうちょうとかなべとかだいどころようひんをじさんする　／　じさんします。

(4) かれがいすとかてーぶるとかをはんにゅうする　／　はんにゅうします。

(5) おんがくとかかいがとかどくしょとかはひとのこころにやすらぎをあたえてくれる　／　あたえてくれます。

(6) このだいがくでは、べとなむごとかひがしあじあのいろいろなことばがべんきょうできる　／　べんきょうできます。

ローマ字　/ Roman letters

(1) Watashi wa obake toka kaibutsu ga kowai/ kowaidesu.

(2) Watashi wa sûgaku toka kagaku toka ni kyômi ga atta/ kyômi ga arimashita.

(3) Watashi wa hôchô toka nabe toka daidokoro yôhin o jisan suru/ jisan shimasu.

(4) Kare ga isu toka têburu toka o han'nyû suru/ han'nyû shimasu.

(5) Ongaku toka kaiga toka dokusho toka wa hito no kokoro ni yasuragi o ataete kureru/ ataete kuremasu.

(6) Kono daigaku dewa, betonamu-go toka higashi ajia no iroiro na kotoba ga benkyô dekiru/ benkyô dekimasu.

とき (toki): when, at the time

Meaning:
when

Formation:
Verb-casual + 時
Noun + の時 / だった時
い adjective + 時
な adjective + な時 / だった時

日本語 / にほんご / Japanese
(1) 彼女は１３歳のときに家出した / 家出しました。
(2) 私は１８歳のとき、運転免許を取った / 取りました。
(3) 私は勉強する時に眼鏡をかける / かけます。
(4) あなたが電話したとき、私はお風呂に入っていた / 入っていました。
(5) あなたが彼の家に着いたとき、彼は寝ているだろう / 寝ているでしょう
(6) あなたが帰宅したとき、お母さんは何をしていましたか。

ことばと表現 / Words & Expressions
家出する【いえでする】to run away from home
運転免許【うんてんめんきょ】driver's license
風呂に入る【ふろにはいる】to take a bath

英語 / えいご / English

(1) When she was thirteen she ran away from home.

(2) When I was eighteen and got a driver's license.

(3) I wear my glasses when I study.

(4) I was taking a bath when you called me.

(5) He will be sleeping when you get to his house.

(6) What was your mother doing when you returned home?

ひらがな / Hiragana

(1) かのじょはじゅうさんさいのときにいえでした / いえでしました。

(2) わたしはじゅはっさいのとき、じどうしゃめんきょをとった / とりました。

(3) わたしはべんきょうするときにめがねをかける / かけます。

(4) あなたがでんわしたとき、わたしはおふろにはいっていた / はいっていました。

(5) あなたがかれのいえについたとき、かれはねているだろう / ねているでしょう

(6) あなたがきたくしたとき、おかあさんはなにをしていましたか。

ローマ字 / Roman letters

(1) Kanojo wa jûsan-sai no toki ni iede shita/ iede shimashita.

(2) Watashi wa jyû hassai no toki, unten menkyo o totta/ torimashita.

(3) Watashi wa benkyô suru toki ni megane o kakeru/ kakemasu.

(4) Anata ga denwa shita toki, watashi wa o furo ni haitte ita/ Iri tte imashita.

(5) Anata ga kare no ie ni tsuita toki, kare wa nete irudarô/ nete irudeshô

(6) Anata ga kitaku shita toki, okâ san wa nani o shite imashita ka.

ときいた (to kiita): I heard that

Meaning:
I heard…

Formation:
Phrase + と聞いた

日本語 / にほんご / Japanese
(1) 私はあなたがお茶を飲むと聞いた / 聞きました。
(2) 私はそれはあなたのアイデアだと聞いた / 聞きました。
(3) 私はあなたが帰国したと聞いた / 聞きました。
(4) 私は花子が離婚したと聞いた / 聞きました。
(5) 私はその会議が成功したと聞いた / 聞きました。
(6) 私はあなたの日本語がどんどん上達していると聞いた / 聞きました。

ことばと表現 / Words & Expressions
離婚する【りこんする】to get divorced
どんどん上達する【どんどんじょうたつする】
　　　　　　　　to get better and better

英語 / えいご / English

(1) I heard that you drink tea.

(2) I heard that it was your idea.

(3) I heard that you went back to your country.

(4) I heard that Hanako got divorced.

(5) I heard that the meeting succeeded.

(6) I heard that your Japanese is getting better and better.

ひらがな / Hiragana

(1) わたしは あなたが おちゃを のむときいた / ききました。

(2) わたしは それは あなたの あいであだときいた / ききました。

(3) わたしは あなたが きこくしたときいた / ききました。

(4) わたしは はなこが りこんしたときいた / ききました。

(5) わたしは そのかいぎが せいこうしたときいた / ききました。

(6) わたしは あなたの にほんごが どんどん じょうたつ しているときいた / ききました。

ローマ字 / Roman letters

(1) Watashi wa anata ga o-cha o nomu to kîta/ kikimashita.

(2) Watashi wa sore wa anata no aidea dato kîta/ kikimashita.

(3) Watashi wa anata ga kikoku shita to kîta/ kikimashita.

(4) Watashi wa Hanako ga rikon shita to kîta/ kikimashita.

(5) Watashi wa sono kaigi ga seikô shita to kîta/ kikimashita.

(6) Watashi wa anata no Nihongo ga dondon jôtatsu shite iru to kîta/ kikimashita.

ところ (tokoro): about to, on the verge of

Meaning:
be just about to do something; be on the verge of doing something

Formation:
Verb-dictionary form + ところ

日本語 / にほんご / Japanese
(1) ちょうど出かけるところだ / ところです。
(2) あなたに返事をしようとしているところだ / ところです。
(3) 私はコートを脱いだところだ / ところです。
(4) ちょうどその記事を読んだところだ / ところです。
(5) あやうく間違いをするところだ / ところです。
(6) あの子供はあやうく溺れるところだった / ところでした。

ことばと表現 / Words & Expressions
あやうく　nearly
間違いをする【まちがいをする】to make a mistake

英語 / えいご / English
(1) I'm about to leave.
(2) I'm about to tell you the answer.
(3) I have put off my coat.
(4) I've just read the article.
(5) I nearly made a mistake.

(6) The child came near being drowned.

ひらがな / Hiragana

(1) ちょうど でかける ところだ / ところです。
(2) あなたに へんじを しようとしているところだ / ところです。
(3) わたしは こーとを ぬいだところだ / ところです。
(4) ちょうど そのきじを よんだところだ / ところです。
(5) あやうく まちがいを するところだ / ところです。
(6) あの こどもは あやうく おぼれるところだった / ところでした。

ローマ字 / Roman letters

(1) Chôdo dekakeru tokoroda/ tokorodesu.
(2) Anata ni henji o shiyou to shite iru tokoroda/ tokorodesu.
(3) Watashi wa kôto o nuida tokoroda/ tokorodesu.
(4) Chôdo sono kiji o yonda tokoroda/ tokorodesu.
(5) Ayauku machigai o suru tokoroda/ tokorodesu.
(6) Ano kodomo wa ayauku oboreru tokorodatta/ tokorodeshita.

とみえる (to mieru): it seems that

Meaning:
it seems that

Formation:
Verb-casual + と見える / と見えて
Noun + と見える
い adj + と見える

日本語 / にほんご / Japanese
(1) 教授はお忙しいと見える / 見えます。
(2) 彼は病気だと見える / 見えます。
(3) あの子は絵を描くのが好きだと見える / 見えます。
(4) 夜遅く雨が降ったと見える / 見えます。
(5) 彼は仕事に馴染んできたと見える / 見えます。
(6) 試験の問題は難しいと見える / 見えます。

ことばと表現 / Words & Expressions
教授【きょうじゅ】professor
馴染む【なじむ】to shake down, to fit in

英語 / えいご / English

(1) The professor seems to be busy.

(2) He seems to be sick.

(3) That child seems to like drawing.

(4) It seems it must have rained in the middle of the night.

(5) He seems to be growing accustomed to his work

(6) It seems that the test's questions are difficult.

ひらがな / Hiragana

(1) きょうじゅはおいそがしいとみえる / みえます。
(2) かれはびょうきだとみえる / みえます。
(3) あのこはえをかくのがすきだとみえる / みえます。
(4) よるおそくあめがふったとみえる / みえます。
(5) きょうはふじさんがはっきりとみえる / みえます。
(6) しけんのもんだいはむずかしいとみえる / みえます。

ローマ字 / Roman letters

(1) Kyôju wa o isogashi to mieru/ miemasu.
(2) Kare wa byôki dato mieru/ miemasu.
(3) Anoko wa e o kaku no ga sukida to mieru/ miemasu.
(4) Yoru osoku ame ga futta to mieru/ miemasu.
(5) Kare wa shigoto ni najinde kita to mieru/ miemasu.
(6) Shiken no mondai wa muzukashî to mieru/ miemasu.

とおもう (to omou): I think, you think

Meaning:
I think…; you think…

Formation:
Phrase + と思う

日本語 / にほんご / Japanese
(1) 君は正しいと思う / 思います。
(2) 私は寝すぎたと思う / 思います。
(3) 明日は天気だと思う / 思います。
(4) 彼は来るだろうと思う / 思います。
(5) 改善が必要だと思う / 思います。
(6) 彼はそれに慣れていると思う / 思います。

ことばと表現 / Words & Expressions
改善【かいぜん】improvement
慣れている【なじむ】be used to
なれている

英語 / えいご / English
(1) I guess you're right.
(2) I think I slept too much.
(3) I hope it'll be fine tomorrow.
(4) I think he will come
(5) I think that improvement is needed.
(6) I think he's used to that.

ひらがな / Hiragana

(1) きみは ただしいとおもう / おもいます。
(2) わたしは ねすぎたとおもう / おもいます。
(3) あしたは てんきだとおもう / おもいます。
(4) かれは くるだろうとおもう / おもいます。
(5) けいぜんが ひつようだとおもう / おもいます。
(6) かれは それに なれているとおもう / おもいます。

ローマ字 / Roman letters

(1) Kimi wa tadashî to omô/ omoimasu.
(2) Watashi wa nesugita to omô/ omoimasu.
(3) Ashita wa tenkida to omô/ omoimasu.
(4) Kare wa kurudarô to omô/ omoimasu.
(5) Kaizen ga hitsuyôda to omô/ omoimasu.
(6) Kare wa sore ni narete iru to omô/ omoimasu.

つづける (tsuzukeru): to continue

Meaning:
to continue to

Formation:
Verb-stem + 続ける

日本語 / にほんご / Japanese
(1) 私は成長し続ける / 成長し続けます。
(2) 私はあなたを守り続ける / 守り続けます。
(3) 彼は夢を追い続ける / 追い続けます。
(4) 彼女は日本語を学ぶを努力し続ける / 努力をし続けます。
(5) 私は仕事をし続けた / 仕事し続けました。
(6) 物価は上昇し続けた / 上昇し続けました。

ことばと表現 / Words & Expressions
成長する【せいちょうする】to grow
守り【まもる】to protect
上昇する【じょうしょうする】to rise

英語 / えいご / English
(1) I will continue growing.
(2) I will continue to protect you.
(3) He keeps chasing his dreams.
(4) She will persist in her efforts to learn Japanese.

(5) I carried on my work.

(6) Prices continued to rise.

ひらがな / Hiragana

(1) わたしはせいちょうしつづける / せいちょうしつづけます。

(2) わたしはあなたをまもりつづける / まもりつづけます。

(3) かれはゆめをおいつづける / おいつづけます。

(4) かのじょはにほんごをまなぶどりょくをしつづける / どりょくをしつづけます。

(5) わたしはしごとしつづけた / しごとしつづけました。

(6) ぶっかはじょうしょうしつづけた / じょうしょうしつづけました。

ローマ字 / Roman letters

(1) Watashi wa seichô shi tsudzukeru/ seichô shi tsu zukemasu.

(2) Watashi wa anata o mamori tsudzukeru/ mamori tsuzukemasu.

(3) Kare wa yume o oi tsuzukeru/ oi tsuzukemasu.

(4) Kanojo wa Nihongo o manabu doryoku o shi tsuzukeru/ doryoku shi tsuzukemasu.

(5) Watashi wa shigoto o tsuzuketa / shigoto shi tsuzukemashita.

(6) Bukka wa jôshô shi tsuzuketa/ jôshô shi tsuzukemashita.

やすい (yasui): easy to, likely to

Meaning:
easy to; likely to…; have a tendency to…

Formation:
Verb-stem + やすい

日本語 / にほんご / Japanese
(1) このペンは書きやすい / 書きやすいです。
(2) このカメラは使いやすい / 使いやすいです。
(3) この問題は間違えやすい / 間違えやすいです。
(4) ここでは天気は変わりやすい / 変わりやすいです。
(5) このようなミスは見逃しやすい / 見逃しやすいです。
(6) 冬は多くの人が風邪をひきやすい / ひきやすいです。

ことばと表現 / Words & Expressions
見逃し【みのがす】to overlook
風邪をひく【かぜをひく】to catch a cold

英語 / えいご / English
(1) It's easy to write with this pen.
(2) This new camera is a snap to use.
(3) It's easy to make mistake in this question.
(4) The weather is changeable here.
(5) Mistakes like these are easily overlooked.
(6) Many people tend to catch a cold in winter.

ひらがな / Hiragana

(1) このぺんはかきやすい / かきやすいです。

(2) このかめらはつかいやすい / つかいやすいです。

(3) このもんだいはまちがえやすい / まちがえやすいです。

(4) ここではてんきはかわりやすい / かわりやすいです。

(5) このようなみすはみのがしやすい / みのがしやすいです。

(6) ふゆはおおくのひとがかぜをひきやすい / ひきやすいです。

ローマ字 / Roman letters

(1) Kono pen wa kaki yasui / kaki yasuidesu.

(2) Kono kamera wa tsukai yasui / tsukai yasuidesu.

(3) Kono mondai wa machigae yasui / machigae yasuidesu.

(4) Kokode wa tenki wa kawari yasui / kawari yasuidesu.

(5) Kono yôna misu wa minogashi yasui / minogashi yasuidesu.

(6) Fuyu wa ôku no hito ga kaze o hiki yasui / hiki yasuidesu.

より (yori): than

Meaning:
than; more than

Formation:
Noun/Verb-phrase + より + adj

日本語 / にほんご / Japanese
(1) あなたの自転車は私のよりよい / よいです。
(2) アジアはオーストラリアよりはるかに大きい / 大きいです。
(3) 今朝は昨日の朝より寒い / 寒いです。
(4) 人の命は何より大切だ / 大切です。
(5) 今朝はいつもより早く学校へ行った / 行きました。
(6) 今年は去年より多くの留学生が日本へ来た / 来ました。

ことばと表現 / Words & Expressions
はるかに much
いつも usual
留学生【りゅうがくせい】foreign student

英語 / えいご / English
(1) Your bicycle is better than mine.
(2) Asia is much larger than Australia.
(3) It was colder this morning than yesterday morning.
(4) A person's life is more important than anything else.
(5) I went to school earlier than usual this morning.

(6) There are more foreign students in Japan this year than last year.

ひらがな / Hiragana
(1) あなたの じてんしゃは わたしの よりよい / よいです。
(2) あじあは おーすとらりあより はるかに おおきい / おおきいです。
(3) けさは きのうの あさより さむい / さむいです。
(4) ひとの いのちは なにより たいせつだ / たいせつです。
(5) けさは いつもより はやく がっこうへ いった / いきました。
(6) ことしは きょねんより おおくの りゅうがくせいが にほんへ きた / きました。

ローマ字 / Roman letters
(1) Anata no jitensha wa watashi no yori yoi/ yoidesu.
(2) Ajia wa Ôsutoraria yori haruka ni ôkî/ ôkîdesu.
(3) Kesa wa kinô no asa yori samui/ samuidesu.
(4) Hito no inochi wa naniyori taisetsuda/ taisetsudesu.
(5) Kesa wa itsumo yori hayaku gakkô e itta/ ikimashita.
(6) Kotoshi wa kyonen yori ôku no ryûgakusei ga Nihon e kita/ kimashita

よていだ (yotei da): plan to, intend to

Meaning:
plan to, intend to

Formation:
Verb-dictionary form + 予定だ

Noun + の予定だ

日本語 / にほんご / Japanese
(1) 明日、私は友達と遊ぶ予定だ / 予定です。
(2) 今日の午後、私は日本語を勉強する予定だ / 予定です。
(3) 今年も私は北海道を旅する予定だ / 予定です。
(4) 来週、私は顧客と会う予定だ / 予定です。
(5) 今日の午後、弟は名古屋に行く予定だった / 予定でした。
(6) 昨日、妹は隣の市に行く予定だった / 予定でした。

ことばと表現 / Words & Expressions
隣【となり】next, neighbor
市【し】city

英語 / えいご / English
(1) I plan to hang out with my friends tomorrow.
(2) I'm planning to study Japanese this afternoon.

(3) I'm planning to go to Hokkaido this year too.

(4) I'm planning to meet a customer next week.

(5) My younger brother was planning to go to Nagoya this afternoon.

(6) My younger sister was planning to go to the next city over yesterday.

ひらがな / Hiragana

(1) あした、わたしは ともだちと あそぶ よていだ / よていです。

(2) きょうの ごご、わたしは にほんごを べんきょうする よていだ / よていです。

(3) ことしも わたしは ほっかいどうを たびする よていだ / よていです。

(4) らいしゅう、わたしは こきゃくと あう よていだ / よていです。

(5) きょうの ごご、おとうとは なごやに いく よていだった / よていでした。

(6) きのう、いもうとは となりの しに いく よていだった / よていでした。

ローマ字 / Roman letters

(1) Ashita, watashi wa tomodachi to asobu yoteida / yoteidesu.

(2) Kyô no gogo, watashi wa Nihongo o benkyô o suru yoteida / yoteidesu.

(3) Kotoshi mo watashi wa Hokkaidô o tabi suru yoteida / yoteidesu.

(4) Raishû, watashi wa kokyaku to au yoteida / yoteidesu.

(5) Kyô no gogo, otôto wa Nagoya ni iku yoteidatta / yoteideshita.

(6) Kinu, imôto wa tonari no shi ni iku yoteidatta / yoteideshita.

ようだ (you da): it seems that, it appears that, it looks like

Meaning:
it seems that, it appears that, it looks like

Formation:
Verb-casual + ようだ

い adj + ようだ

な adj + なようだ

Noun + のようだ

日本語 / にほんご / Japanese
(1) あなたは疲れているようだ / 疲れているようです。

(2) アキラは病気のようだ / 病気のようです。

(3) 誰かが来たようだ / 来たようです。

(4) あなたの意見は良い考えのようだ / 考えのようです。

(5) 顧客はとても満足しているようだ / 満足しているようです。

(6) 兄はそのスーツがとても気に入っているようだ / 気に入っているようです。

ことばと表現 / Words & Expressions
誰か【だれか】someone

英語 / えいご / English
(1) You look tired.

(2) Akira seems to be ill.

(3) It looks like someone came.

(4) Your opinion sounds like a goods idea.

(5) It seems that the customers are very satisfied.

(6) It seems that my elder brother is very pleased with the suit.

ひらがな / Hiragana

(1) あなたは つかれているようだ / つかれているようです。

(2) あきらは びょうきのようだ / びょうきのようです。

(3) だれかが きたようだ / きたようです。

(4) あなたの いけんは よいかんがえのようだ / かんがえのようです。

(5) こきゃくは とても まんぞくしているようだ / まんぞくしているようです。

(6) あには そのすーつが とても きにいっているようだ / きにいっているようです。

ローマ字 / Roman letters

(1) Anata wa tsukarete iru yôda/ tsukarete iru yôdesu.

(2) Akira wa byôki no yôda/ byôki no yôdesu.

(3) Dareka ga kita yôda/ kita yôdesu.

(4) Anata no iken wa yoi kangae no yôda/ kangae no yôdesu.

(5) Kokyaku wa totemo manzoku shite iru yôda/ manzoku shite iru yôdesu.

(6) Ani wa sono sûtsu ga totemo kini itte iru yôda/ kini itte iru yôdesu.

ように / ような (you ni/you na): as, like, just like

Meaning:
as; like; just as; as though

Formation:
Verb-casual + ように / ような

日本語 / にほんご / Japanese
(1) 私はあなたが娘であるように感じる / 感じます。
(2) あなたは彼女を探しているように見える / 見えます。
(3) 彼女はまるで私の姉のような話し方をする / 話し方をします。
(4) ３人の少年はまるで猿のように木に登った / 登りました。
(5) 彼はあまり外交政策に関心があるように思えない / 思えません。
(6) ウォーレンは私が思ってもいなかったようなアイデアをもたらした / もたらしました。

ことばと表現 / Words & Expressions
まるで as if
外交政策【がいこうせいさく】foreign policy
もたらす　to give

英語 / えいご / English
(1) I feel as though you were my own daughter.
(2) It looks as though you are searching for a girlfriend.
(3) She talks just as though she were my older sister.
(4) Three boys climbed the trees like a bunch of monkeys.

(5) I don't think he's very interested in foreign policy.
(6) Warren gave me ideas I could never even think of.

ひらがな / Hiragana
(1) わたしは あなたが むすめで あるように かんじる / かんじます。
(2) あなたは かのじょを さがしているように みえる / みえます。
(3) かのじょは まるで わたしの あねのような はなしかたをする / はなしかたをします。
(4) さんにんの しょうねんは まるで さるのように きにのぼった / のぼりました。
(5) かれはあまりがいこうせいさくにかんしんがあるようにおもえない / おもえません。
(6) うぉーれんはわたしがおもってもいなかったようなあいであをもたらした / もたらしました。

ローマ字 / Roman letters
(1) Watashi wa anata ga musume de aru yôni kanjiru / kanjimasu.
(2) Anata wa kanojo o sagashite iru yôni mieru / miemasu.
(3) Kanojo wa marude watashi no ane no yôna hanashikata o suru / hanashikata o shimasu.
(4) San-nin no shônen wa marude saru no yô ni ki ni nobotta / noborimashita.
(5) Kare wa amari gaikô seisaku ni kanshin ga aru yô ni omoenai / omoemasen.
(6) Wôren wa watashi ga omotte mo inakatta yôna aidea o motarashita / motarashimashita.

ようになる (you ni naru): to reach the point that

Meaning:
to reach the point that, to come to be that, to turn into

Formation:
Verb-dictionary form + ようになる
Verb- ない form + ようになる

日本語 / にほんご / Japanese
(1) あと数日で赤ん坊は歩けるようになるだろう / 歩けるようになるでしょう。
(2) すぐに彼はその仕事ができるようになるだろう / できるようになるでしょう。
(3) あなたはじきにスペイン語が話せるようになるだろう / 話せるようになるでしょう。
(4) いつか火星へ旅行に行けるようになるだろう / 行けるようになるでしょう。
(5) 毎日練習したので泳げるようになった / 泳げるようになりました。
(6) 一年間日本語を勉強して、日本語が話せるようになった / 話せるようになりました。

ことばと表現 / Words & Expressions
赤ん坊【あかんぼう】baby
すぐに soon
火星【かせい】Mars

英語 / えいご / English
(1) In a few days, the baby will be able to walk.
(2) He will be able to do the work soon.
(3) You will soon be able to speak Spanish.
(4) Someday we will be able to go on a voyage to Mars.
(5) I practiced every day so I can swim now.
(6) After studying Japanese for a year, I can speak Japanese now.

ひらがな / Hiragana
(1) あとすうじつで あかんぼうは あるけるようになるだろう / あるけるようになるでしょう。
(2) すぐに かれは そのしごとが できるようになるだろう / できるようになるでしょう。
(3) あなたは じきに すぺいんごが はなせるようになるだろう / はなせるようになるでしょう。
(4) いつか かせいへ りょこうに いけるようになるだろう / いけるようになるでしょう。
(5) まいにち れんしゅうしたので およげるようになった / およげるようになりました。
(6) いちねんかん にほんごを べんきょうして、にほんごが はなせるようになった / はなせるようになりました。

ローマ字 / Roman letters

(1) Ato sû-jitsu de akanbô wa arukeru yô ni narudarô / arukeru yô ni narudeshô.

(2) Sugu ni kare wa sono shigoto ga dekiru yô ni narudarô / dekiru yô ni narudeshô.

(3) Anata wa jikini Supeingo ga hanaseru yô ni narudarô / hanaseru yô ni narudeshô.

(4) Itsuka kasei e ryokô ni ikeru yô ni narudarô / ikeru yô ni narudeshô.

(5) Mainichi renshû shitanode oyogeru yô ni natta / oyogeru yô ni narimashita.

(6) Ichinen-kan Nihongo o benkyô shite, Nihongo ga hanaseru yô ni natta / hanaseru yô ni narimashita.

ようにする (you ni suru): to try to, to make sure that

Meaning:
to try to, to make sure that

Formation:
Verb-dictionary form + ようにする
Verb- ない form + ようにする

日本語 / にほんご / Japanese
(1) 明日の朝、私は寝過ごさないようにする / 寝過ごさないようにします。
(2) 私は健康のために野菜を食べるようにしている / 食べるようにしています。
(3) あまり物事を深刻に考えないようにしている / 考えないようにしています。
(4) 忘れ物をしないようにしてください。
(5) 再び同じミスを犯さないようにしてください。
(6) あなたは悪い状況を最大限に生かすようにするべきだ / 生かすようにするべきです。

ことばと表現 / Words & Expressions

寝過ごす【ねすごす】oversleep

深刻に【しんこくに】seriously

忘れ物をする【わすれものをする】to leave something behind

ミスを犯す【みすをおかす】to make a mistake

〜を最大限に生かす【をさいだいげんにいかす】
　　　　　　　　　　　make the best of 〜

英語 / えいご / English

(1) I will not oversleep tomorrow morning.

(2) I'm trying to eat vegetables in order to stay healthy.

(3) I'm not taking things too seriously.

(4) Please try not to leave anything behind.

(5) Please make sure not to make the same mistake twice.

(6) You should make the best of a bad situation.

ひらがな / Hiragana

(1) あしたの あさ、わたしは ねすごさないようにする / ねすごさないようにします。

(2) わたしは けんこうの ために やさいを たべるようにしている / たべるようにしています。

(3) あまり ものごとを しんこくに かんがえないようにしている / かんがえないようにしています。

(4) わすれものを しないようにしてください。

(5) ふたたび おなじみすを おかさないようにしてください。

(6) あなたは わるい じょうきょうを さいだいげんに いかすようにするべきだ / いかすようにするべきです。

ローマ字 / Roman letters

(1) Ashita no asa, watashi wa nesugosanai yô ni suru/ nesugosanai yô ni shimasu.

(2) Watashi wa kenkô no tame ni yasai o taberu yô ni shite iru/ taberu yô ni shite imasu.

(3) Amari monogoto o shinkoku ni kangaenai yô ni shite iru/ kangaenai yô ni shite imasu.

(4) Wasuremono o shinai yô ni shite kudasai.

(5) Futatabi onaji misu o okasanai yô ni shite kudasai.

(6) Anata wa warui jôkyô o saidaigen ni ikasu yô ni surubekida / ikasu yô ni surubekidesu.

ようとおもう (you to omou): I think I will

Meaning:
I think I will (thinking of doing something)

Formation:
Verb-volitional form + と思う

日本語 / にほんご / Japanese
(1) 私はスキーに行こうと思う / 行こうと思います。
(2) 今から私は銀行へ行こうと思う / 行こうと思います。
(3) 今晩、私はこの本を読もうと思う / 読もうと思います。
(4) 私はこの会社を辞めようと思う / 辞めようと思います。
(5) 私は一生懸命その仕事をやろうと思う / やろうと思います。
(6) 将来、私は自分で会社を作ろうと思う / 作ろうと思います。

ことばと表現 / Words & Expressions
今から【いまから】right now

英語 / えいご / English
(1) I think I'll go skiing.
(2) I think I will go to the bank right now.
(3) I intend to read this book this evening.
(4) I mean to quit this company.
(5) I am going to put my heart into the work.
(6) In the future, I plan to make my own company.

ひらがな / Hiragana

(1) わたしは すきーに いこうとおもう / いこうとおもいます。

(2) いまから わたしは ぎんこうへ いこうとおもう / いこうとおもいます。

(3) こんばん、わたしは このほんを よもうとおもう / よもうとおもいます。

(4) わたしは このかいしゃを やめようとおもう / やめようとおもいます。

(5) わたしは いっしょうけんめい そのしごとを やろうとおもう / やろうとおもいます。

(6) しょうらい、わたしは じぶんで かいしゃを つくろうとおもう / つくろうとおもいます。

ローマ字 / Roman letters

(1) Watashi wa sukî ni ikô to omô/ ikô to omoimasu.

(2) Ima kara watashi wa ginkô e ikô to omô/ ikô to omoimasu.

(3) Komban, watashi wa kono hon o yomô to omô/ yomô to omoimasu.

(4) Watashi wa kono kaisha o yameyô to omô/ yameyô to omoimasu.

(5) Watashi wa isshô-kenmei sono shigoto o yarô to omô/ yarô to omoimasu.

(6) Shôrai, watashi wa jibun de kaisha o tsukurô to omô/ tsukurô to omoimasu.

ぜんぜん (zenzen): (not) at all

Meaning:
(not) at all

Formation:
全然（ぜんぜん）+ Verb-casual
全然（ぜんぜん）+ adj

日本語 / にほんご / Japanese
(1) 私は全然疲れていない / 疲れていません。
(2) 彼女は政治については全然興味がない / 興味がありません。
(3) この本は全然面白くない / 面白くありません。
(4) この家は住み心地が全然よくない / よくありません。
(5) 今夜、私は全然勉強する気にならない / する気になりません。
(6) 私はこの問題に対する解決策が全然思いつかない / 思いつきません。

ことばと表現 / Words & Expressions
住み心地がいい【すみごこちがいい】comfortable
思いつく【おもいつく】to hit upon(on)

英語 / えいご / English
(1) I'm not tired at all.
(2) She has no interest in politics.
(3) This book isn't interesting at all.
(4) This house is anything but comfortable to live in.

(5) I don't feel like studying at all tonight.
(6) I can't hit upon any solution to this problem.

ひらがな / Hiragana
(1) わたしは ぜんぜん つかれていない / つかれていません。
(2) かのじょは せいじについては ぜんぜん きょうみがない / きょうみがありません。
(3) このほんは ぜんぜん おもしろくない / おもしろくありません。
(4) このいえは すみごこちが ぜんぜんよくない / よくありません。
(5) こんや、わたしは ぜんぜん べんきょうするきにならない / するきになりません。
(6) わたしは このもんだいにたいする かいけつさくが ぜんぜん おもいつかない / おもいつきません。

ローマ字 / Roman letters
(1) Watashi wa zenzen tsukarete inai / tsukarete imasen.
(2) Kanojo wa seiji ni tsuite wa zenzen kyômi ga nai / kyômi ga arimasen.
(3) Kono hon wa zenzen omoshirokunai / omoshiroku arimasen.
(4) Kono ie wa sumigokochi ga zenzen yokunai / yoku arimasen.
(5) Kon'ya, watashi wa zenzen benkyô suru ki ni naranai / suru ki ni narimasen.
(6) Watashi wa kono mondai ni taisuru kaiketsusaku ga zenzen omoitsukanai / omoitsukimasen.

Volitional form

Meaning:
the act of willing, choosing, or resolving; exercise of willing.

Formation:
The volitional form of a verb is a less formal, more casual equivalent of ましょう.
You can use it to suggest a plan to a close friend, for example.

ru-verbs: Drop the final --ru and add → yoo
 Ex: 食べる -> 食べよう
u-verbs: Drop the final --u and add → oo
Ex: 行く -> 行こう, 話す -> 話そう

日本語 / にほんご / Japanese
(1) 近いうちに会おう / 会いましょう。
(2) その機会があることを祈ろう / 祈りましょう。
(3) 今から散歩しよう / 散歩しましょう。
(4) 今日は何もしないでいよう / いましょう。
(5) 大会に出ようと決めた / 決めました。
(6) 図書館に行こうと思ってる / 思っています。
(7) もっと明るい話をしよう / しましょう。
(8) あなたが提案した価格で取引しよう / しましょう。

ことばと表現 / Words & Expressions
近いうちに【ちかいうちに】soon
機会【きかい】chance
祈る【いのる】to hope, to pray
大会【たいかい】competition
明るい【あかるい】cheerful
取引する【とりひきする】to make a deal

英語 / えいご / English
(1) Let's meet again soon.
(2) Let's hope you get that chance.
(3) I'll take a walk now.
(4) Let's not do anything today.
(5) I decided to participate in the competition.
(6) I've been thinking of going to the library.
(7) let's talk about something more cheerful.
(8) Let's make a deal at the price you've suggested.

ひらがな / Hiragana
(1) ちかいうちに あおう / あいましょう。
(2) その きかいが あることを いのろう / いのりましょう。
(3) いまから さんぽしよう / さんぽしましょう。
(4) きょうは なにも しないでいよう / いましょう。
(5) たいかいに でようと きめた / きめました。
(6) としょかんに いこうと おもってる / おもっています。
(7) もっと あかるい はなしをしよう / しましょう。

(8) あなたが ていあんした かかくで とりひきしよう / しましょう。

ローマ字 / Roman letters

(1) Chikai-uchini aô/ aimashô.

(2) So no kikai ga aru koto o inorô/ inorimashô.

(3) Ima kara sampo shiyô/ sanpo shimashô.

(4) Kyô wa nani mo shinaide iyô/ imashô.

(5) Taikai ni deyô to kimeta/ kimemashita.

(6) Toshokan ni ikô to omotteru/ omotte imasu.

(7) Motto akarui hanashi o shiyô/ shimashô.

(8) Anata ga teian shita kakaku de torihiki shiyô/ shimashô.

聞こえる (kikoeru) "to be able to hear" 聞く (kiku) "to listen"

日本語 / Japanese
(1) 隣の部屋で電話がなっているのが私には聞こえる / 聞こえます。
(2) ここから私たちには海の音が聞こえる / 聞こえます。
(3) 猫が窓を引っかいているのが私には聞こえる / 聞こえます。
(4) 電車で音楽を私は聞く / 聞きます。
(5) 今日の午後、私はその講演を聞く / 聞きます。
(6) 明日、私は部下の提案を聞く / 聞きます。

英語 / English
(1) I can hear the telephone ringing in the next room.
(2) We can hear the ocean from here.
(3) I can hear a cat scratching at the window.
(4) I listen to music on the train.
(5) I will listen to that lecture this afternoon.
(6) I will listen to my subordinates' suggestions tomorrow.

ひらがな / hiragana
(1) となりのへやで でんわがなっているのが わたしには きこえる / きこえます。
(2) ここから わたしたちには うみのおとが きこえる / きこえます。

(3) ねこが まどを ひっかいているのが わたしには きこえる / きこえます。

(4) でんしゃで おんがくを わたしは きく / ききます。

(5) きょうのごご、わたしは そのこうえんを きく / ききます。

(6) あした、わたしは ぶかのていあんを きく / ききます。

ローマ字　/ Roman letters

(1) Tonari no heya de denwa ga natte iru no ga watashini wa kikoeru/ kikoemasu.

(2) Koko kara watashi-tachi ni wa umi no oto ga kikoeru/ kikoemasu.

(3) Neko ga mado o hikkaite iru no ga watashini wa kikoeru / kikoemasu.

(4) Densha de ongaku o watashi wa kiku / kikimasu.

(5) Kyô no gogo, watashi wa sono kôen o kiku/ kikimasu.

(6) Ashita, watashi wa buka no teian o kiku/ kikimasu.

見える (mieru) "is visible, to be able to see"
見られる (mirareru) "(potential form) to be able to watch"

見える : indicates that a certain object comes into one's sight.

見られる : indicate that one's intention of seeing can be realized.

日本語 / にほんご / Japanese
(1) 私は部屋の窓から海が見える / 見えます。
(2) 私はここから富士山が見える / 見えます。
(3) 私の職場からパン屋が見える / 見えます。
(4) その動物園では珍しい動物が見られる / 見られます。
(5) 家に早く帰れば、あなたは6時からのニュースを見られる / 見られます。
(6) どこであの映画が見られるのか / 見られますか。

英語 / えいご / English
(1) I can see the ocean from the window of the room.
(2) I can see Mt. Fuji from here.
(3) I can see a bakery from my office.
(4) You can watch rare animals at that zoo.
(5) If you return home early, you can watch the news from 6 o'clock
(6) Where can I watch that movie?

ひらがな / Hiragana

(1) わたしは へやのまどから うみが みえる / みえます。

(2) わたしはここからふじさんがみえる / みえます。

(3) わたしのしょくばからぱんやがみえる / みえます。

(4) そのどうぶつえんではめずらしいどうぶつがみられる / みられます。

(5) いえに はやく かえれば、ろくじからの にゅーすを みられます / みられます。

(6) どこで あのえいがが みられるか / みられますか。

ローマ字 / Roman letters

(1) Watashi wa heya no mado kara umi ga mieru/ mie masu.

(2) Watashi wa koko kara fujisan ga mieru/ mie masu.

(3) Watashi no shokuba kara pan-ya ga mieru/ mie masu.

(4) Sono dôbutsuen dewa mezurashî dôbutsu ga mi rareru / mirare masu.

(5) Ie ni hayaku kaereba, anata wa roku-ji kara no nyûsu o mirareru / mirare masu.

(6) Doko de ano eiga ga mi rareru noka / mi rare masuka.

Vocabulary: 遅れる (okureru) 遅刻する (chikoku suru) "to be late"

Both "okureru (遅れる)" and wago (和語) come from Japanese origin and "chikoku suru (遅刻する) is kango (漢語) a Chinese loanword which means "to be late"."okureru" is widely used.

日本語 / にほんご / Japanese
(1) 私は仕事に遅れる / 遅れます。
(2) トムが遅刻している / 遅刻しています。
(3) エリーはほとんど遅刻しない / 遅刻しません。
(4) 彼は会社に遅刻した / 遅刻しました。
(5) 電車が遅れているようだ / 遅れているようです。
(6) 私は仕事に30分遅れるだろう / 遅れるでしょう。

英語 / えいご / English
(1) I'm late for work.
(2) Tom is late.
(3) Ellie is almost never late.
(4) He was late for work.
(5) The train seems to be late.
(6) I'll be 30 minutes late for work.

ひらがな / Hiragana

(1) わたしはしごとにおくれる / おくれます。

(2) とむがちこくしている / ちこくしています。

(3) えりーはほとんどちこくしない / ちこくしません。

(4) かれはかいしゃにちこくした / ちこくしました。

(5) でんしゃがおくれているようだ / おくれているようです。

(6) わたしはでんしゃにさんじゅっぷんおくれるだろう / おくれるでしょう

ローマ字 / Roman letters

(1) Watashi wa shigoto ni okureru / okuremasu.

(2) Tomu ga chikoku shite iru / chikoku shite imasu.

(3) Erî wa hotondo chikoku shinai / chikoku shimasen.

(4) Kare wa kaisha ni chikoku shita / chikoku shimashita.

(5) Densha ga okurete iru yôda / okurete iru yôdesu.

(6) Watashi wa shigoto ni san-juppun okurerudarô / okureru deshô.

もらう (morau) "to receive"

日本語 / にほんご / Japanese
(1) 私は友達からハガキをもらった / もらいました。
(2) サラさんはクラスメートからラブレターをもらった / もらいました。
(3) ロビンは大学から奨学金をもらった / もらいました。
(4) 小川さんは会社からお金をもらった / もらいました。
(5) 私はマネージャーの奥さんからパリのお土産をいただいた / いただきました。
(6) 私は和子さんのお母さんからなしをいただいた / いただきました。

英語 / えいご / English
(1) I received a postcard from my friend.
(2) Sarah received a love letter from her classmate.
(3) Robin received the scholarship from the university
(4) Mr.Ogawa received some money from the company.
(5) I received a souvenir from Paris from the manager's wife.
(6) I received some pears from Kazuko's mother.

ひらがな / Hiragana
(1) わたしは　ともだちから　はがきをもらった / もらいました。
(2) さらさんは　くらすめーとから　らぶれたーをも

らった / もらいました。
(3) ろびんは　だいがくから　しょうがくきんを　もらった / もらいました。
(4) おがわさんは　かいしゃから　おかねをもらった / もらいました。
(5) わたしは　まねーじゃーのおくさんから　ぱりのおみやげを　いただいた / いただきました。
(6) わたしは　かずこさんの　おかあさんから　なしを　いただいた / いただきました。

ローマ字　/ Roman letters

(1)Watashi wa tomodachi kara hagaki o moratta / moraimashita.

(2)Sara-san wa kurasumêt kara labu retâ o moratta / moraimashita.

(3)Robin wa daigaku kara shôgakukin o moratta / moraimashita.

(4)Ogawa-san wa kaisha kara okane o moratta / moraimashita.

(5)Watashi wa manêjâ no okusan kara pari no omiyage o itadaita /itadakimashita.

(6)Watashi wa kazuko-san no okâsan kara nashi o itadaita /itadakimashita.

もらう (morau) "to have someone do something"

Receiver + は + Giver + に + Verb- て form + もらう / いただく

日本語 / にほんご / Japanese
(1) 私は原さんにゴルフを教えてもらう / もらいます。
(2) 私は戸田さんに手伝いに来てもらう / もらいます。
(3) ゆり子さんは妹にセーターを編んでもらった / もらいました。
(4) 私は兄に本棚をつくってもらった / もらいました。
(5) 私は部長にこの書類にサインをしていただく / いただきます。
(6) 私は先生に日本の地図を貸していただいた / いただきました。

英語 / えいご / English
(1) I'll have Mr.Hara teach me golf.
(2) I'll have Ms.Toda come to help me.
(3) Yuriko had her younger sister knit a sweater for her.
(4) I had my older brother make a bookshelf for me.
(5) I'll have the department head sign these papers.
(6) I had my teacher lend me a map of Japan.

ひらがな / Hiragana

(1) わたしは はらさんに ごるふを おしえてもらう / もらいます。

(2) わたしは とださんに てつだいに きてもらう / もらいます。

(3) ゆりこさんは いもうとに せーたーを あんでもらった / もらいました。

(4) わたしは あにに ほんだなを つくってもらった / もらいました。

(5) わたしは ぶちょうに このしょるいに さいんを していただく / いただきます。

(6) わたしは せんせいに にほんのちずを かしていただいた / いただきました。

ローマ字 / Roman letters

(1) Watashi wa Hara-san ni gorufu o oshietemorau / moraimasu.

(2) Watashi wa Toda-san ni tetsudai ni kitemorau / moraimasu.

(3) Yuriko san wa imoto ni sêtâ o ande moratta / moratta.

(4) Watashi wa Ani ni hondana o tsukutte moratta / moraimashita.

(5) Watashi wa Buchô ni kono shorui ni sain o shiteitadaku / itadakimasu.

(6) Watashi wa sensei ni Nihon no tizu wo kashiteitadaita / itadakimashita.

あげる (ageru) "to give"

formula: giver + は + receiver + に + noun + を + あげる

When you, the speaker, give something to someone, use あげる

「あげる」is the Japanese word for "to give" seen from the speaker's point of view. You must use this verb when you are giving something or doing something for someone else.

日本語 / にほんご / Japanese
(1) 私はこれをあなたにあげる。
(2) 私はこれを先生にあげる。
(3) 私は友達にプレゼントをあげた。
(4) お母さんは弟にノートをあげた。
(5) あなたにあげる物がある。
(6) 朝、花に水をあげた。

英語 / えいご / English
(1) I'll give this to you.
(2) I'll give this to the teacher.
(3) I gave the present to my friend.
(4) The mother gave my younger brother a notebook.
(5) I have something to give you.
(6) I watered my flowers in the morning.

ひらがな / Hiragana

(1) わたしは　これを　あなたに　あげる。
(2) わたしは　これを　せんせいに　あげる。
(3) わたしは　ともだちに　ぷれぜんとをあげた。
(4) おかあさんは　おとうとに　のーとをあげた。
(5) あなたにあげるものがある。
(6) あさ、はなにみずをあげた。

ローマ字　/ Roman letters

(1) Watashi wa kore o anata ni ageru.
(2) Watashi wa kore o sensei ni ageru.
(3) Watashi wa tomodachi ni purezento o ageta.
(4) Okâsan wa otôto ni nôto o ageta.
(5) Anata ni ageru mono ga aru.
(6) Asa, hana ni mizu o ageta.

くれる (kureru) "to give"

日本語 / にほんご / Japanese
(1) 良子さんはよく私に美味しいクッキーをくれる / くれます。
(2) 知らない人が私にリンゴをくれた / くれました。
(3) 土井さんが娘にこの人形をくれた。/ くれました。
(4) 山野さんが私にマフラーをくれた / くれました。
(5) 先生が私に辞書をくださった / くださいました。
(6) ピアノの先生が私にコンサートの切符を2枚くださった / くださいました。

英語 / えいご / English
(1) Ryoko often gives me delicious cookies.
(2) A stranger gave me an apple.
(3) Ms.Doi gave my daughter this doll.
(4) Mr.Yamano gave my son a scarf.
(5) My teacher gave me a dictionary.
(6) My piano teacher gave me two concert tickets.

ひらがな / Hiragana
(1) りょうこさんはよくわたしにおいしいくっきーをくれる / くれます。
(2) しらないひとがわたしにりんごをくれた / くれました。
(3) どいさんがむすめにこのにんぎょうをくれた / くれました。

(4) やまのさんがわたしにまふらーをくれた / くれました。
(5) せんせいがわたしにじしょをくださった / くださいました。
(6) ぴあののせんせいがわたしにこんさーとのきっぷをにまいくださった / くださいました。

ローマ字　/ Roman letters

(1) Ryôko-san wa yoku watashi ni oishî kukkî o kureru/ kuremasu.
(2) Shiranai-hito ga watashi ni ringo o kureta/ kuremashita.
(3) Doi-san ga musume ni kono ningyô o kureta. / Kuremashita.
(4) Yamano-san ga watashi ni mafurâ o kureta/ kuremashita.
(5) Sensei ga watashi ni jisho o kudasatta/ kudasaimashita.
(6) Piano no sensei ga watashi ni konsâto no kippu o ni-mai kudasatta/ kudasaimashita.

Honorific Form 召し上がる (meshiagaru) - "(honorific) to eat"

Meaning:
to eat, to drink(honorific)

召し上がる "meshiagaru" can be translated from Japanese to mean "eat" in an honorific sense.

日本語 / にほんご / Japanese
(1) お茶を召し上がれ / 召し上がってください。
(2) どうぞご自由に果物を召し上がれ / 召し上がってください。
(3) こちらのクッキーはご自由に召し上がれ / 召し上がってください。
(4) 冷蔵庫の中の物は、何でも御自由に召し上がれ / 召し上がってください。
(5) アリスさん、もう召し上がりましたか。
(6) 何を召し上がりますか。
(7) お茶を召し上がりませんか。

英語 / えいご / English
(1)Have some (green) tea.
(2)Please help yourself to the fruit.
(3)Help yourself to these cookies.
(4)Please feel free to have anything in the fridge.
(5)Alice-san, did (you) eat already?

(6) What do you want to eat?
(7) Wouldn't you like to drink some tea?

ひらがな / Hiragana
(1) おちゃをめしあがれ / めしあがってください。
(2) どうぞごじゅうにくだものをめしあがれ / めしあがってください。
(3) こちらのくっきーはごじゆうに めしあがれ / めしあがってください。
(4) れいぞうこのなかのものは、なんでもごじゆうにめしあがれ / めしあがってください。
(5) ありあすさん、もうめしあがりましたか。
(6) なにをめしあがりますか。
(7) おちゃをめしあがりませんか。

ローマ字 / Roman letters
(1) Ocha o meshiagare/ meshiagatte kudasai.
(2) Dôzo go jiyû ni kudamono o meshiagare/ meshiagatte kudasai.
(3) Kochira no kukkî wa go jiyû ni meshiagare/ meshiagatte kudasai.
(4) Reizoko no naka no mono wa, nani demo o jiyû ni meshiagare/ meshiagatte kudasai.
(5) Arisu-san, mô meshiagari mashitaka?
(6) Nani o meshiagari masuka?
(7) Ocha o meshiagari masenka?

Humble form "to do something (honorific)"

謙譲語 (けんじょうご /kenjougo) is the language used to show humility when you speak about yourself. In this case, you'll only use 謙譲語 when speaking about yourself or those in your "inner circle," such as close family or friends. Of course, you would never use 謙譲語 when talking about others, especially if they're in a higher social position than you.

日本語 / にほんご / Japanese
(1) 午後、売り上げに関する分析データを見ます / 拝見します。
(2) 太田部長が来月、退職すると聞きました / 伺いました。
(3) 昨日、お客様にお土産をもらいました / いただきました。
(4) オフィスで山内社長に来週、会いたいです / お目にかかりたいです。
(5) ジョンソン社長は明日、出張に行くと私は思います / 存じます。

英語 / えいご / English
(1) I will see the analysis data on sales in the afternoon,
(2) I heard that Ōta manager will retire next month.
(3) I got a souvenir from a customer yesterday.
(4) I would like to meet President Yamauchi at the office next week
(5) I think that President Johnson will travel on business tomorrow.

ひらがな / Hiragana

(1) ごご、うりあげにかんするぶんせきでーたをみます / はいけんします。

(2) おおたぶちょうがらいげつ、たいしょくするとききました / うかがいました。

(3) きのう、おきゃくさまにおみやげをもらいました / いただきました。

(4) おふぃすでやまうちしゃちょうにらいしゅう、あいたいです / おめにかかりたいです。

(5) じょんそんしゃちょうはあす、しゅっちょうにいくとわたしはおもいます / ぞんじます。

ローマ字 / Roman letters

(1) Gogo, uriage ni kansuru bunseki dêta o mimasu/ haiken shimasu.

(2) Ôta buchô ga raigetsu, taishoku suru to kikimashita/ ukagaimashita.

(3) Kinô okyaku-sama ni omiyage o moraimashita/ itadakimashita.

(4) Ofisu de Yamauchi shachô ni raishû, aitaidesu/ omeni kakaritaidesu.

(5) Jonson shachô wa ashita, shutchô ni iku to watashi wa omoimasu/ zonjimasu.

The causative-passive form　Vせられる and Vされる "to be made to do something"

The causative-passive form is simply the combination of causative and passive conjugations to mean that the action of making someone do something was done to that person. This would effectively translate into, "[someone] is made to do [something]". The important thing to remember is the order of conjugation. The verb is first conjugated to the causative and then passive, never the other way around.

Causative-Passive Forms(Tae Kim's Guide to Learning Japanese)

日本語 / にほんご / Japanese
(1) ときどき私は他の人の仕事をさせられる / させられます。
(2) 学生は先生に作文を書かせられる / 書かされます。
(3) 私は父に駅まで歩かせられた / 歩かされました。
(4) 私たちは空港で長い間待たされた / 待たされました。
(5) 小野さんは課長にデータを調べさせられた / 調べさせられました。
(6) ベンさんは明さんに刺身を食べさせられた / 食べさせられました。

英語 / えいご / English

(1)Sometimes I'm made to do someone else's work.
(2)Students are made to write compositions by their teachers.
(3)I was made to walk to the station by my father.
(4)We were made to wait for a long time at the airport.
(5)Mr.Ono was made to check the data by the section chief.
(6)Ben was made to eat Sashimi by Akira.

ひらがな / Hiragana

(1) ときどきわたしはほかのひとのしごとをさせられる / させられます。
(2) がくせいはせんせいにさくぶんをかかせられる / かかされます。
(3) わたしはちちにえきまであるかせられた あるかされました。
(4) わたしたちはくうこうでながいじかんまたされた / またされました。
(5) おのさんはかちょうにでーたをしらべさせられた / しらべさせられました。
(6) べんさんはあきらさんにさしみをたべさせられた たべさせられました。

ローマ字 / Roman letters

(1) Tokidoki watashi wa hoka no hito no shigoto o sa se rareru/ sa se raremasu.

(2) Gakusei wa sensei ni sakubun o kaka se rareru/ kaka sa remasu.

(3) Watashi wa chichi ni eki made aruka se rareta/ aruka sa remashita.

(4) Watashi-tachi wa kûkô de nagaiai jikan matasa reta/ matasa remashita.

(5) Ono-san wa kacho ni dêta o shirabe sase rareta/ shirabe sase raremashita.

(6) Ben-san wa Akira-san ni sashimi o tabe sase rareta/ tabe sase raremashita.

V-れる (Potential Form)"

Meaning:
can, able to

Potential form has the meaning of can do.
Verbs in the potential form show ability or possibility, similarly to "can" or "be able to" in English.

Rules for creating potential form

ru-verbs
– Replace the 「る」 with 「られる」.
(example)
見る (みる "to see") → 見られる（みられる）
食べる (みる "to eat") → 食べられる（たべられる）

u-verbs –
Change the last character from a / u / vowel sound to the equivalent / e / vowel sound and add 「る」.
(example)
行く (いく "to go") → 行け (いけ) → 行ける（いける）
話す (はなす / "to speak") → 話せ (はなせ) → 話せる（はなせる

Exceptions
する ("to do") becomes できる
くる ("to come") becomes こられる

※ Remember that all verbs conjugated into the potential form become a ru-verb.

■ In a lot of cases, the particle を and が are interchangeable.

私の子供はアルファベットが（or を） 書ける /
My child can write alphabets.

私はこの問題が（or を）解ける
I can solve this problem.

■ When you use できる, the particle が is more suitable.

Noun ができる (Noun ga dekiru)
Verb + こと ができる (Verb+koto ga dekiru)

彼女は営業ができる / かのじょは えいぎょうが できる
She can do sales.

私は日本語を話すことができます / わたしは　にほんご を　はなす　ことができる
I can speak Japanese.

日本語 / にほんご / Japanese

(1) 明日、私たちは映画館で新しい日本の映画が見られる　/　見られます。

(2) 彼らはとても辛い料理が食べられる / 食べられます。

(3) 私の息子はフランス語を少し話せる　/　話せます。

(4) 来週、私はとうとうドイツに行ける　/　行けます。

(5) その原因について、あの高校生は説明ができる　/　説明ができます。

(6) その技術について、あなたは叔父に相談ができる　/　相談ができます。

ことばと表現 / Words & Expressions

原因【げんいん】Cause

技術【ぎじゅつ】technology

相談【そうだん】consultation

英語 / えいご / English

(1)Tomorrow, we can watch a new Japanese movie at the theater.

(2)They can eat very spicy food.

(3)My son can speak French a little.

(4)I can finally go to Germany next week.

(5)That high school student can explain the cause.

(6)You can talk to your uncle about technology.

ひらがな / Hiragana

(1) あした、わたしたちは えいがかんで あたらしい にほんの えいがが みられる　／　みられます。

(2) かれらは とても からい りょうりが たべられる　／　たべられます。

(3) わたしの むすこは ふらんすごを すこし はなせる　／　はなせます。

(4) らいしゅう、わたしは とうとう どいつに いける　／　いけます。

(5) そのげんいんについて、あの こうこうせいは せつめいが できる　／　せつめいが できます。

(6) そのぎじゅつについて、あなたは おじに そうだんが できる　／　そうだんが できます。

ローマ字　/ Roman letters

(1) Asita watashi tachi wa eigakan de atarashii nihon no eiga ga o mi rareru　／　mi rare masu.

(2) Kare ra wa totemo karai ryouri ga tabe rareru　／　taberare masu.

(3) Watasi no musuko wa huransugo o sukosi hanaseru　／　hanase masu.

(4) Raisyuu、watasi ha toutou doitsu ni ikeru　／　ike masu.

(5) Sono gen-in ni tsuite ano koukousei wa setumei ga dekiru　／　setumei ga deki masu.

(6) Sono gijutu ni tuite、anata wa oji ni soudan ga dekiru　／　soudan ga deki masu.

■ A simple way to build vocabulary in a foreign language through the Read-Aloud Method

What can you do to build your vocabulary in your target foreign language? I would like to introduce one of my methods to build vocabulary effectively.

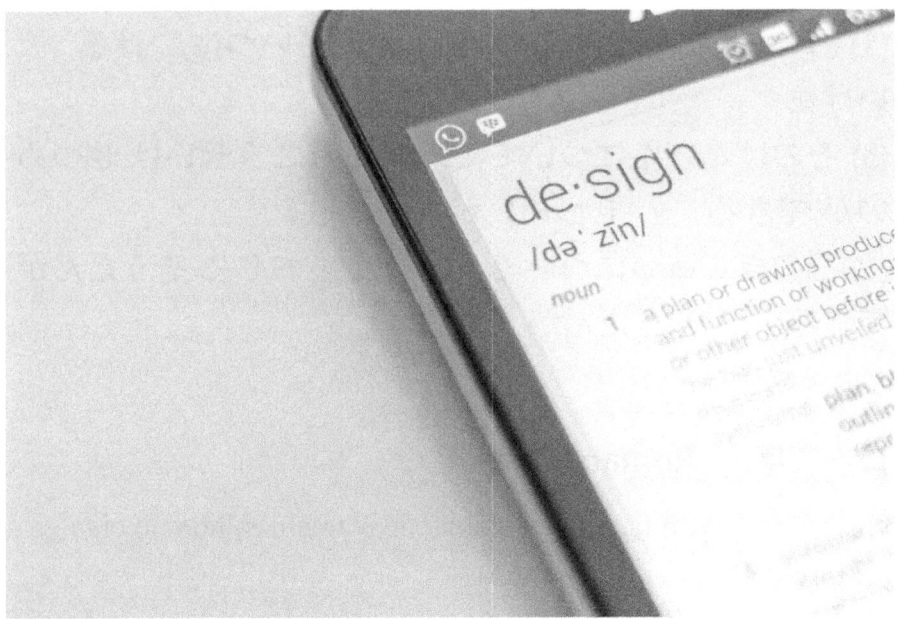

Some people use word books, flash cards, and smartphone applications to build vocabulary. I have tried such methods during junior high school days. However, I concluded that those methods were inefficient, and I have stopped using them. I am always interested in how words and expressions that I try to remember are used in a specific context. If I remember words and expressions without context, I will not be able to use the words and expressions with confidence in communicating with others (not only speaking but also writing). That's why I do not like to remember words and expressions without context. For example, I heard the word "to boost" for the first time in my workplace. My coworker said that we needed strategies to boost our app downloads. Since I worked for a company that provided apps for consumers at that time, it was not difficult for me to imagine that to boost something means "to increase" or "to improve" something.

After that, I began to wonder if I could use this expression with language skills and memorization techniques. After checking several articles related to language skills, I found many writers used "to boost" with language skills or memorizing. Since then I have been using the expression in actual conversation including in my Japanese lessons. For instance, "You can boost your Japanese communications skills with this method!"

Memorizing Words and Expressions in Context

I always try to remember new words and expressions by reading short articles and stories. This helps me remember not only new words and expressions but also how to make sure they are used in a specific context and fit together with other words and expressions. As a result of this method, you can confidently use words and expressions you acquired without hesitation in real situations. This is a very important point, especially when speaking a foreign language. If you try to figure out whether words and expressions are suitable or not while speaking, it will be difficult for you to continue a conversation smoothly.

There are multiple advantages to remembering new words and expressions through articles and stories. Unlike computers, human beings are not good at memorizing things just through mechanical input without any ingenuity. On the other hand, we are good at memorizing information linked to a specific context. Context shapes the meaning in all communication. Content is a narrative. Most of our ways of understanding the world are narratives of one form or another. They help us remember new words and expressions we're trying to learn. Because understanding and memory are intertwined we shouldn't be surprised that they are also very powerful mnemonic devices.

Learning method

My learning method is not complicated at all. You just need to read out loud (not silently!) articles or short stories that contain the words and expressions you want to acquire while thinking of the meaning of the words, sentences, and paragraphs. When reading out loud, we form auditory links in our memory pathways. We remember ourselves saying it out loud, and so we not only form visuals, but we also form auditory links. Reading out loud causes us to remember better.

Time your reading and record the date and time

Time your reading with a stopwatch or a clock. Read each sentence out loud while trying to understand it. Record the date you read the text, and time how long it took you to finish reading the material from beginning to end. When you start working on new content, you will notice that the time required to finish reading gets shorter and shorter each time you read it aloud. It means you have become faster at reading. Reading aloud over time will speed up your brain's ability to recognize and understand expressions, sentences, and the whole content. With this method, you can see the growth quantitatively and objectively. This will give you motivation to keep up your studies. Though it might feel tedious to do this over and over, timing your reading makes you notice even small changes in your growth. For example, you may feel that you are able to read some content very quickly. The reason why I always record the date is so that I can see how long ago I read that piece. For example, when I pick a piece to read, and I can see the date I last read it, I might think, "Oh, I haven't read this content in a few months. Let's refresh my memory which I might have lost..." The date tells you the timing when you need to refresh the memory.

Vocabulary Building through Read-Aloud Method

1. Pick a reading material such as a newspaper article or a short story.

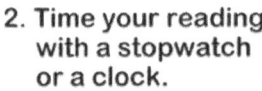

2. Time your reading with a stopwatch or a clock.

3. Read each sentence out loud and try to understand as you read.

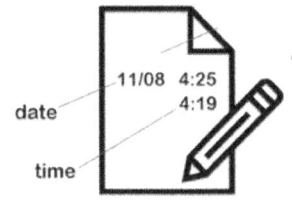

4. Record the date and time how long it took you to finish reading the material from the beginning to the end.

How to pick content (articles or stories)

Regarding content, I consider it best to choose pieces that you can finish reading within 5 minutes or less. In my case, I find it a bit difficult to concentrate over 8 minutes. However, what should we do with long content that takes more than 5 minutes to read? If you finish reading the content within 7 minutes on the first round, you could shorten the time within 5 minutes after reading it out loud several times. On the other hand, if it took more than 8 minutes, it seems difficult to shorten it within 5 minutes. In that case, please divide the text into two, the first half and the second half. For example, there are long articles that take about more than 20 minutes to finish reading in total; I divide them into four parts.

Increasing the number of pieces to read aloud

When you read one piece 15 times or more, you will be able to understand not only its surface meaning but also its themes and deeper meanings as well as visualize it more specifically. Of course, I'm sure that you will remember the words and expressions used in it during the entire reading process. Once you feel you fully understood the piece and remembered the words and expressions, it is time for you to add new content to increase your vocabulary.

After reading aloud the new content many times, please go back to previous content and read that aloud again to refresh your memory of words and expressions that you might have forgotten. If you repeat this process, you can keep words and expressions in a fresh state, and they become committed to long-term memory. As a result, you will be able to use them whenever you need them. I hope this is useful for you.

■ **Free Report available**

How to Speak Japanese:
The Faster Way to Learn Japanese

This report is written for the following types of Japanese learners:

· Japanese learners who are new to learning Japanese and want to learn Japanese not only to understand but also to speak it.
· Japanese learners who have a good knowledge of Japanese vocabulary, grammar and can read, but find it difficult to speak.

■Japanese Lessons Online

If you are interested in the author's Japanese lessons, you can book them in the following URL:

https://www.italki.com/teacher/2757272

This is an online lesson on a one-on-one basis for practicing Japanese with the Sentence Pattern Method and the Read-aloud Method.

■Online Japanese Course

Learning the Japanese Language Effectively

SCAN ME

In this online course, you will find not only effective ways to learn Japanese, but also my experiences to find a way to this unique way of learning the language, as well as more specific learning methods that are not covered in the book series. I recommend this online course to anyone who wants to get the most out of the Japanese Sentence Pattern Training Books Series.

http://bit.ly/39Xlrdk

■Send Us Your Feedback

Your feedback is highly appreciated and will help us to improve our books.

Please send your opinions and feedback to the following the author'address.

akuzawa@gmail.com

Japanese Sentence Patterns Training Book Series

Paperbacks
Japanese Sentence Patterns for JLPT N5 : Training Book
Japanese Sentence Patterns for JLPT N4 : Training Book
Japanese Sentence Patterns for JLPT N3 : Training Book
Japanese Sentence Patterns for JLPT N2 : Training Book Vol.1
Japanese Sentence Patterns for JLPT N2 : Training Book Vol.2
Japanese Sentence Patterns for JLPT N1 : Training Book Vol.1
Japanese Sentence Patterns for JLPT N1 : Training Book Vol.2
Japanese "Question" Sentence Patterns Training Book

eBooks
Japanese Sentence Patterns for JLPT N5 : Training Book
Japanese Sentence Patterns for JLPT N4 : Training Book
Japanese Sentence Patterns for JLPT N3 : Training Book
Japanese Sentence Patterns for JLPT N2 : Training Book
Japanese Sentence Patterns for JLPT N1 : Training Book
Japanese "Question" Sentence Patterns Training Book

Made in the USA
Las Vegas, NV
27 April 2023